읽는 직업

읽는 직업

이은혜

마음산책

읽는 직업

1판 1쇄 발행 2020년 9월 25일
1판 6쇄 발행 2023년 6월 1일

지은이 | 이은혜
펴낸이 | 정은숙
펴낸곳 | 마음산책

편집 | 성혜현·박선우·김수경·나한비·이동근
디자인 | 최정윤·오세라·한우리
마케팅 | 권혁준·권지원·김은비
경영지원 | 박지혜

등록 | 2000년 7월 28일(제2000-000237호)
주소 | (우 04043) 서울시 마포구 잔다리로3안길 20
전화 | 대표 362-1452 편집 362-1451 팩스 | 362-1455
홈페이지 | www.maumsan.com
블로그 | blog.naver.com/maumsanchaek
트위터 | twitter.com/maumsanchaek
페이스북 | facebook.com/maumsan
인스타그램 | instagram.com/maumsanchaek
전자우편 | maum@maumsan.com

ISBN 978-89-6090-644-0 03300

* 책값은 뒤표지에 있습니다.

저자와 역자는 우선 편집자를 설득하려 하고,
편집자는 독자를 상상하며 그들의 욕구를 측정하려 한다.

■ 일러두기

1. 외국 인명·지명·독음 등은 국립국어원의 외래어표기법을 따르되, 관용적인 표기와 동떨어진 경우 절충하여 실용적 표기를 따랐다.

2. 외국 저자의 경우 동일한 저자여도 본문과 주석의 표기가 다른 경우가 있다. 본문은 외래어표기법을, 주석의 서지사항은 출간된 책의 표기를 따랐다.

3. 국내에 소개된 작품명은 번역된 제목을 따랐고, 국내에 소개되지 않은 작품명은 우리말로 옮겨 적고 원제를 병기했다.

4. 책 제목은 『 』, 단편·논문 등의 제목은 「 」, 매체·공연·영화 등의 제목은 〈 〉로 묶었다.

5. 본문에 예시로 든 투고 원고, 메일 등은 모두 당사자의 동의를 얻어 게재했다.

거의 책대로 살게 된다

책 편집을 해온 15년 동안 편집의 세계에만 빠져 살아서 내가 책을 쓸 거라고 생각한 적은 없었다. 하지만 마침내 저자-편집자-독자에 관한 책을 내놓게 되었는데, 글을 쓰게 된 이유는 세 가지다.

첫째, 저자들을 많이 좋아했고 앞으로도 그들과 한편이 될 것이므로 저자들에게 이런 마음을 표현하고 싶었다. 저자들이 편집자의 시공간에 더 많이 침투해오고 말을 걸어줬으면 좋겠다. 둘째, 편집자는 굉장히 매력적인 직업인데 사람들이 잘 모르는 것 같아 '편집자란 어떤 존재인가'를 알리고자 했다. 에리히 아우어바흐, 장 그르니에, 옥타비오 파스처럼 20년도 전에 나온 책들을 가끔 들춰보면 선배 편집자들은 한 시대를 풍미한 인물들처럼 보인다.

지금의 편집자들 역시 저자와 독자 사이에서 마지막 땀

한 방울까지 쏟아내며 책을 만들고 있기에, '보이지 않는' 이들 존재를 가시화하고 싶었다. 셋째, 독자들은 최종 결과물인 책을 읽는 것으로 족하겠지만, 책 만들기의 역사와 현실도 알게 되면 흥미로워하지 않을까 생각했다. 게다가 독자들의 손에 도착하지 못하는 원고가 꽤 있어서 서점이 아닌 서랍 속에 잠자고 있는 소중한 원고들도 보여주고 싶었다.

저자의 생활을 면밀히 관찰하는 편집자로서 말하자면, 자신이 쓴 책대로 사는 저자들이 제법 많다. 다산 정약용 관련 문서들을 지속적으로 발굴해 글을 써온 정민 교수는 다산처럼 옛 자료를 발굴하고 글을 쓰는 것으로 삶의 대부분을 채우고 있다. '인문학자가 글을 쓰지 않으면 어떻게 인문학자라고 할 수 있을까'라고 반문하는 철학자 김영민은 늘 글을 쓰되, 스스로의 말처럼 "타율의 굴레를 벗겨내고 삶을 구성하면서 새롭게 변화시키는 노력"[1] 속에서 잡된 글쓰기를 실천하고 있다. 탕누어는 저술가와 '전문 독자'라는 두 가지 직업을 갖고 있는데, 책을 너무 많이 읽다가 글쓰기를 게을리할까 봐 매일 아침 책이 가득한 서재를 빠져나와 카페로 향한다. 그곳에서 그는 하루에 네다섯 시간 원고지를 메우면서 저자와 전문 독자 사이의 균형을 유지하려 노력한다. 특히 '부'와 '권력'을 멀리하려는 그의 생활 모토는 삶에서도 적절히 구현되어, 돈과 권력을 동원해 초청하는 강연에는 응하지 않고 카페에서 리필해주는 커피 몇 잔에 만족하며 글쓰기에 매진한다.

편집자들 역시 책대로 사는 모습을 흔히 보인다. 얇은 생활 패턴 수준에서 말하자면 자수 책을 편집할 때는 직접 자수를 해보고, 요리 책을 편집할 때는 미식가처럼 식당을 찾아다니거나 직접 만들어 먹어본다. 즉 저자의 경험이 글이 되면 그것을 읽은 편집자는 이를 다시 경험으로 구현한다. 이 정도는 사소한 일일 테고, 가령 동물 복지에 관한 책을 만든 편집자는 비건에 관심이 높아진다. 내 경우 지난 몇 년간 불평등 이슈에 관심을 가지며 관련 도서를 지속적으로 펴냈고, '부의 추월차선' 같은 트렌드에 깜짝 놀라며 불평등과 관련된 무언가를 계속 시도하려 하고 있다. 최근 탕누어의 『명예, 부, 권력에 관한 사색』을 편집하면서는 부와 권력을 지향하기보다 내가 만나는 저자들에게 제값의 '명예'를 돌려주는 일에 계속 몰입하리라 마음먹게 되었다.

　　독자는 저자나 편집자에게 의외로 비가시적인 존재라 우리는 독자의 사고와 생활 방식이 그들이 읽는 책대로 이루어지는지 어떤지 잘 알지 못한다. 그래도 최근 몇 년간 페미니즘 도서들의 활황에 힘입어 지속적으로 권력의 균형추를 맞춰가려는 시도 속에서 사회적 의식과 제도와 관습의 교정은 대개 텍스트를 토대로 이루어졌고, 독자들은 여러 담론 사이에서 자신의 삶을 미세 조정하고 있는 것처럼 보인다.

　　사실 많은 독자는 책을 '재미'로 본다. 나 역시 재미로 책을 읽는데, 다만 그 재미의 종류가 서로 달라서 어떤 이들은 내가 읽는 책이 '정말 재미없어 보인다'고 말하기도 한다. 여하튼 재미로 읽기 시작한 책이 밥벌이가 된 저자와 편집자, 그리고 재미로 글을 읽다가 언젠가 그 자신도 글을 쓰게 될 독자들까지 포함해 책 읽는 이들이 거의 책대로 살게 되는 일을 많이 목격했으면 한다.

끝으로 몇 분에게 고마운 마음을 전하고 싶다. 이 책은 글항아리 저자와 독자, 함께 일하는 동료들이 없었다면 나오지 못했을 것이기에 그들에게 고마운 마음이 크다. 책의 편집을 맡은 김수경 편집자와 이야기를 나누면서 나는 자주 긴장했고, 많이 배우기도 했다. 그가 책을 잘 마무리하는 데 큰 도움을 주어 무척 고맙다. 책이 나오기 전 원고를 미리 읽어준 W와 J에게도 다정한 인사를 건넨다. 이번 기회를 통해 두 사람과의 우정을 새삼 확인할 수 있었다. 책 낸다고 하니 "사진은 내가 찍어줄게"라고 먼저 말해준 김춘호 작가, 고맙다. 또 무명의 편집자가 책을 낸다고 하니 힘을 보태겠다는 마음으로 원고를 읽고 추천사를 써주신 열 분의 선생님께 이루 말할 수 없이 감사하다. 그들은 이 책을 쓰는 데 큰 동력이 되었고 주제에, 소재에, 행간과 여백에 스며들었다. 나아가 글항아리 강성민 대표님, 마음산책 정은숙 대표님, 서울신문 문소영 기자님, 그리고 강태형 이사님과 임현규 대표님 모두 늘 격려가 되는 소중한 분들이다. 마지막으로 글항아리 편집자의 이 책을 읽어줄 마음산책 독자들께 감사의 마음을 전한다.

글을 쓰는 동안 여명을 자주 봤다. 맑은 정신으로 글을 쓰려고 동트기 전 집을 나설 때면 늘 어스름한 하늘 아래서 집 앞에 놓인 파란 쓰레기봉투를 치워주던 키 큰 청년과 마주쳤다. 평소에는 좀처럼 그와 만날 일이 없었는데 어느덧 활동하는 시간이 비슷해졌다. 그 청년도 생업을 마치고 집으로 돌아가면 방에서 몇 권의 책과 마주할 것이다. 그는 어떤 책을 주로 읽는 독자일까. 혹시 내가 편집한 책도 읽었을까. 가끔 글을 쓰기도 할까.

2020년 9월

이은혜

차례

독자와 책을 옹호하며

비밀은 글을 쓰게 한다.

그러므로 진짜 비밀은 없고,

입에서 입으로 전해진 비밀과 달리

글로 쓰인 비밀은 울음과 비탄을

마침내 정돈해서 담아내는 까닭에 희망을 향해 달린다.

저자
관찰기

글쓰기는 내가 인생과 협조하는

하나의 방식이었다.

　　몇 명의 저자와 헤어졌다. 문자도 메일도 하지 않는 사이가 되었으니 결별한 게 확실하다. 지금도 그들을 떠올리는 이유는 한때 누구보다 밀접한 관계였기 때문이다. 문득 읽게 되는 어떤 저자의 원고는 하고 있던 모든 일을 제쳐놓게 할 만큼 뛰어나다. 그가 삶과 맺는 불화나 세상의 안이함과 분투한 흔적은 깊이 있는 공부와 더해져 마침내 글쓰기로 이어진다. J의 원고가 그랬다. 리듬감 있고 밀도 높게 흘러가는 원고는 곧장 읽는 이를 글 속 현장으로 데려다 놓았다.

　　또 다른 곳에서 땅을 천천히 파헤치는 사람들이 있다. 유적을 발굴하는 이들이다. 우리 자신의 과거를 파헤치려는 이들이다. 우리 자신의 정체를 밝히려고 솔질과 붓질로 흙을 긁고 턴다. 그렇게 파낸 물건을 박물관에 보관한다. (…) 물건이 우리의 일부이기도 하겠지만, 우리 삶과 존재 자체도 우리가 쓰는 물건의 일부다. 그것에 우리의 시간을 떼어주고, 손때를 묻혔다. 도시와 건물, 밥상과 책상, 삽과 괭이, 연필과 붓, 신발과 옷은 우리를 자신들의 일부로 여기며 우리와 함께 살아왔다. 우리가 그것들을 버릴망정 그들은 우리를 버리려 하지 않을 것이다.

　　J는 수많은 원전과 사료를 단계별로 밟아가며 확인하고, 역사의 현장에 놓인 실물들에 귀를 기울인다. 기껏 로마까지 가서 잇속에 밝은 가이드를 따라 절차도 순서도 없이 마구잡이로 복원된 포룸 로마눔Forum Romanum을 둘러보는 어리숙한 여행자 같은 면이 그에게는 티끌만큼도 없었다. 갓 편집자가 되었을 때 나는 J가 주는 글과 책, 나아가 그가 열어주는 어느 세계든 경이롭게 여기면서 진입했다. 마치 내면이 텅 비어 있는 것처럼 어린 나는 재빨리 흡수하고 재빨리 모방했다. 하지만 J의 기원으로 거슬러 올라가기에는 너무 벅차서 우선 그의 덩어리져 추상화된 문제의식들을 익혔고, 나머지 세부 지식과 테크닉은 틈나는 대로 습득해나갔다.

　　편집자는 무엇을 하는 사람인가. 남의 글을 읽고 다듬어 세상에 내놓는 역할을 하는 사람이다. 아무리 카피와 보도자료를 많이 써도 편집자는 작가가 아니며, 아무리 책을 많이 읽어도 학자가 아니다. 다만, 글을 읽는 눈과 왕성한 지적 호기심으로 누군가 물을 대주면 한 방울도 남김없이 피와 살이 되게 하려고 애쓴다.

편집자가 저자를 좋아하게 되는 것은 필연적인 운명이며, 편집자는 좋아하게 된 저자의 근원이 되는 지점을 찾아 나선다. 근대와 현대를 아우르는 광폭의 지식을 가진 J와 자주 만나던 시기, 나는 그가 참조한 책을 열 권쯤 그대로 따라 읽었다. 그 책들을 읽고 나자 나는 내가 매일같이 논문을 좇아 읽던 국내 학자들이 탁월하다고 할 수 있을까 하는 의심에 사로잡힐 수밖에 없었다. 당시 국내 학자들이 제기한 문제의식들은 외국에서는 이미 오래전에 해소된 경우가 많았기에 J를 따라 하면서 나는 갑자기 내가 놓인 현실이 보잘것없게 느껴졌다. J와 사제師弟인 듯 친구인 듯한 관계를 다지면서 세상을 보는 시선을 공유했다. 그는 인내심을 갖고 지난 세월 자신이 꽁꽁 싸온 보따리들을 하나둘씩 풀어놓았다.

하지만 출판은 비즈니스이고(요즘에는 뼛속까지 더 그런 듯하다), 따라서 저자와 편집자가 완전히 순수한 관계를 맺기란 대체로 불가능하다. 나는 당시 J뿐만 아니라 K의 물줄기까지 공급받느라 몸은 그대로였을지언정 어느새 머리가 커져 있었다. 게다가 J는 사물이든 사람에게든 기대하는 수준이 매우 높아 세상은 자주 그의 불평거리였다. 어느 날 나는 모든 것을 검은색으로 덧칠하며 비관적으로 바라보는 그의 관점이 불편해져 어둠 속에서도 밝음을 보려고 한발 물러났다. J에게 전적으로 집중하던 시간은 K에게로 서서히 옮겨가기 시작했다(하지만 나는 J가 준 영향들을 지금까지 몸에 새기고 있다).

K 역시 지적 수원이 될 만한 인물이어서 자주 만나 이런 저런 논의를 했다. 물론 편집자로서 조금은 학생 같은 자세를 취했지만 과거에 읽은 책의 목록이 서로 많이 겹쳤고, 그것은 일종의 동류의식을 형성케 했다. 그를 좇아 더욱더 적극적으로 읽기 시작한 작가들의 목록은 꽤나 길다. 특히 일본 문학을 한번 더 보충하는 계기가 되었다. 다니자키 준이치로를 한 권도 빠뜨리지 않고 다시 읽었으며, 1950년대 이전의 일본 소설을 하나씩 섭렵했다. 그가 좋아하는 필립 로스를 나도 좋아했고, 진작에 읽었어야 할 페르낭 브로델의 책도 그의 적극적인 추천으로 뒤늦게 읽었다.

하지만 출판 시장의 상황에 따라, 혹은 자기 욕망의 크기가 커짐에 따라 관계가 삐걱거릴 계기는 도처에 널려 있다. 노년에 이른 작가의 문제의식이 치밀해질수록 글은 더 빽빽해지기 마련이고, 그것은 아이러니하게도 청년과 중년의 독자들을 모두 뒷걸음질치게 만든다. 청년은 아직 그와 공유할 만한 세계가 별로 없는 반면 중년에 이른 독자들은 그나마 그를 좋아하는 편이지만, 정치적·역사적 이슈에서 양자 사이의 틈은 점점 더 벌어져갔다. 편집자 역시 노년기에 들어선 작가를 실제로 상대하다 보면 의견 충돌을 일으킬 여지가 있다. 편집자는 노년의 문턱에 진입하려면 아직 수많은 나날을 보내야 하는 입장이기에 노인 작가의 말을 조금씩 흘려듣게 된다. 결국 노인 작가와 젊은 편집자는 서로가 거울 속 자신과 닮았었다는 사실은 새까맣게 잊은 채 대치한다. 그리하여 계속 좋을 것만 같던 관계는 시절인연처럼 끝을 향해 가는 징후를 하나둘 드러내기 시작했고, 종막은 그리 아름답지 않았다. 저자는 자기 책이 더 많은 독자에게 가닿길 원했지만 판매는 시원치 않았고, 나 역시 관계의 중압감 때문에 조금 더 재기발랄한 표정의 작가들을 만나려고 그를 떠났다.

그렇지만 헤어진 지금도 나는 다음과 같은 K의 독특한 문장들을 여전히 좋아한다.

무슨 부잣집 가운데 자식처럼 나는 착 가라앉은 목소리로 그런 말을 지껄이고 있었으나, 내 머릿속은 신문사에서 대주는 일정한 하루 취재비, 숙식비 따위를 따지는 일방 그동안 아껴 쓴 여비의 총액을 떠올리며 료칸에서의 숙박료가 비즈니스호텔의 세 배 이상이라도 '어떻게 감당이 될 테지' 하는 암산을 굴리고 있었을 것이다. 대체로 모든 요긴한 기억의 파노라마가 그렇듯이 어떤 장면 속에 붙박여 있는 디테일, 여러 말, 그때의 분위기 등은 여전히 생생하게 떠오르는데, 그 전후의 연결 마디는 뽀얀 백지상태일 때가 흔하다. 그 당시의 골몰 정도, 이를테면 '북송선'이라는 주제가 '료칸'보다 더 강하게 내 뇌리를 압박했다고 하더라도 이제는 그 기억의 명암도가 꼭 그대로 환하거나 흐릿하게 재연되지는 않는 듯하다. 아마도 그때마다의 선별적인 기억 저장술이 작동하기 때문에 그런 게 아닐까 짐작하지만, 왜 그렇게 '알아서' 돌아가게 되어 있는지는 조물주만이 알고 있는 '신비한 체계'일지 모른다. 하기야 기억을 아무렇게나 조작하고, 변덕스럽게 뒤바꾸는 능력이야 인간들 저마다의 자유재

량권일 테지만.

지칠 줄 모르고 누군가를 또다시 좋아하게 되는 것이 편집자의 특성이다. 왜냐하면 글로 사람을 먼저 접하는 우리는 서로의 신상부터 파악하는 과정을 생략한 채, 곧바로 정체성의 핵심(글)으로 파고들기 때문이다. 그러니 좋아하게 되는 속도도 빠르고 관계의 밀도도 높으며, 헤어지면 그만큼 커다란 내상을 입는다. 이별 후에도 책이라는 실물이 남아 옛 연인이 준 물건을 버리듯 할 수 없다. 한때는 그 저자가 바로 자신의 일이자 생활이었기 때문이다. 일종의 산파 역할을 했던 편집자는 밤새 침대 옆을 지키며 출산을 도왔던 그 산모(저자)와 아기(책)를 잘 잊지 못한다.

진부한 세상의 진리처럼, 상처는 다른 사람을 만나야 낫는 법이다. 즉 내상은 다른 저자들의 글로 인해 덮인다. 살리기 위해 들어간 수술실에서 환자가 결국 죽음을 맞이할 때면 어김없이 손때 묻은 노트에 글과 그림을 남긴 W. 그의 직업의식과 인간 됨됨이에 매혹된 나는 그가 쓴 쪽글들을 읽으며 이전의 상처들을 잊어버렸다. 그리고 그의 직업 세계를 잘 알고 싶어 『참 괜찮은 죽음』『아픈 몸을 살다』『숨결이 바람 될 때』등 의학 에세이와 환자들의 수기를 읽었다.

이런 책들을 읽었다는 게 의미하는 바는 무엇인가. 그것은 곧 책을 읽게 만든 계기(원류)는 잊고 더 넓은 수원으로 나아갈 하나의 물살이 만들어졌다는 뜻이다. 그래서 나는 W가 마련해준 원류는 잊은 채 의학 분야에서 쏟아져 나오는 글들을 읽어나갔고, 또 다른 의료 종사자들의 책을 기획하게 되었다. 지금도 내 방 서재에는 해골 그림이 붙어 있고 인체 해부도 같은 책들이 칸마다 꽂혀 있다. 병원에 가면 의사가 읊는 질병의 예후나 증상에 대한 소견을 학생처럼 귀 기울여 들으며 외우고, 약상자를 열면 담겨 있는 임상 시험 테스트 설명서를 흥미롭게 읽어나간다.

　　이런 저자 앓이의 역사는 짧지 않고 멈추기 힘들 만큼 때로 중독성이 있다. 그걸 덮을 수 있는 것도 그가 열어준 세계 혹은 다른 저자들이다. 나는 또 M을 좇아 베르너 좀바르트를 읽고, 조르주 바타유와 시몬 베유, 울리히 베크를 읽었다. 다행히 M, W와는 아직 헤어지지 않았고, 앞으로도 그들에게 나를 내어준 채 스며들 준비가 되어 있다. 저자들에게 매혹되어 밤새 글을 읽으며 그들의 궤적을 좇고 앓기도 했던 기억들이 쉽사리 사라지지 않길 바란다. 내가 황혼에 접어들었을 때 실패한 관계보다 친밀한 관계가 더 많이 기억되길 바라고, 나 또한 젊은 시절이 있었다는 단서를 책과 사람 안에서 찾고 싶기 때문이다.

거
절
하
고 거
       절
       당
       하
       고

독자들이 만나기 힘든 책이 있다. 모든 원고는 편집자의 손을 거쳐 출간되는데, 어떤 이유에서 통과하지 못하는 원고들이 생겨난다. 내용이 별로거나 수준 미달인 글들을 말하려는 게 아니다. 원고의 수준이 높고 기존 책들과 주제가 겹치지 않으며, 어떤 이들은 간절히 원해왔을 법한 책들을 말한다.

프랑스의 고고학자 폴 펠리오Paul Pelliot, 1878~1945는 100여 년 전 아시아의 고고 유물 발굴에서 두드러진 성과를 낸 인물로, 그의 업적은 지금도 높이 평가받는다. 어느 날 한 소장학자가 『파리에서 둔황까지』●라는 번역 원고를 제안해왔다. 책은 펠리오가 중앙아시아에서 둔황의 문서를 발견하기까지의 과정과 발굴한 자료들의 의미를 담고 있었고, 학계와 대중을 두루 만족시킬 수 있도록 역자가 재구성과 번역까지 완벽하게 해서 제안서를 보내왔다. 하지만 펠리오는 쉽지 않은 학자다. 그는 연구뿐 아니라 편지와 서평을 쓸 때도 한결같이 학자의 자세를 취했기 때문에, 그의 작업에 접근하려면 역자는 프랑스어, 영어, 한문, 고전문학에 두루 능통해야 한다. '실크로드 하면 둔황, 둔황 하면 혜초, 혜초 하면 펠리오'인데도 그의 책이 국내에 한 권도 번역되지 않은 이유다.

나는 이런 원고가 들어오면 우선 보던 교정지를 옆으로 제쳐둔다. 기존 원고 마감과 새 원고 검토에서 언제나 이기는 쪽은 후자다. 마감할 원고는 이미 몇 번이나 읽은 터라 호기심보다 책임감과 의무감이 크지만, 이제 막 들어온 원고는 새로운 세계를 열어줄 것이기 때문이다. 외부 학자와 원고를 같이 검토해 "번역이 좋을 뿐 아니라 역자 주석도 매우 꼼꼼하다"라는 결론을 내렸다. 하지만 불행히도 이 책은 출간 포기 목록으로 들어갔다. 왜일까. 1000명 이상의 독자를 확보할 자신이 없었기 때문이다(책은 저자와 편집자만 자족하는 물건이 되어서는 안 될 것이다).•• 거절하기로 마음먹기까지 열흘이라는 시간이 걸렸고, 이는 내가 들일 수 있는 최대한의 시간이었다. 양심의 가책

거절하고 거절당하고

• 이 책은 역자가 편역한 것으로, 『오트아지에서 3년Trois Ans dans la Haute Asie』 (1909) 외 소책자 두 권과 한 편의 논문으로 구성되어 있다.

•• 물론 펠리오는 제국주의 국가 프랑스 정부의 지원을 등에 업고 발굴에 나선 학자였기에 비판받을 여지도 있지만, 당시에는 대부분의 발굴이 제국주의를 발판 삼아 이뤄졌기에 출간을 포기한 주요 사유는 아니었다.

을 느꼈을까? 물론이다. 원고는 몹시 흥미로웠고 받은 즉시 인쇄해서 끝까지 읽을 만큼 가치가 있었다. 더욱이 원고를 검토하는 데 들인 시간은 수일에 불과하지만, 저자와 역자가 들인 시간은 수년일 것이다. 따라서 검토에 며칠이 걸렸다고 해도 그들 입장에서는 찰나에 불과하다. 하지만 오늘날 양심을 저버리는 판단은 속전속결로 내려야 하며, 편집자는 무엇에 쫓기는 사람처럼 힘껏 속도를 내서 거절한다. 2019년 7월에 있었던 일이다.

　　그해 7월 29일 주목할 만한 또 다른 원고가 들어왔다. 스즈키 도시유키의 『에도의 독서열』로 무척 흥미로운 역사서였다. 에도시대 관련서들은 가리지 않고 다 모아왔던 나는 에도시대 독서인들의 실제 모습을 추적해가는 이 책에 빠져들었다. 근세의 문화 현상을 폭넓게 다루며 거시적 관점에서 고찰하는 데 능한 저자는 "상품을 구입하는 곳과 판매하는 곳 사이의 긴장 관계, 그 변화무쌍한 상황이야말로 역사의 전개를 이끄는 커다란 요인"이라 보고, "문예의 독자가 될 가능성이 있는 사람들의 총체가 어느 방향으로 그 얼굴을 향하고 있는가"[2]를 밝히기 위해 에도의 독자들과 관련된 기록을 파고든다. 이 작업이 대단한 이유는 그 시대 서민들은 서평이나 독후감을 쓰지 않았을뿐더러 생업에 매달리느라 책 읽기는 뒷전일 수밖에 없었기 때문이다. 하지만 그중 일부 서민들이 독서에 매진했고, 저자는 가능한 모든 수단을 동원해 그들의 입을 열려고 한다. 마치 프랑스의 역사가 아를레트 파르주가 18세기 문서들 속에서 보통 사람들의 '입'을 좇아 역사가 될 만한 이야기를 건져낸 것과 같았다.

　일본어 고어를 옮기는 작업이 까다로웠을 텐데 역자는 이 부분을 능숙하게 해냈고, '스스로 배우는 독자'의 탄생은 편집자로서도 꼭 되짚어볼 만한 주제였다. 하지만 이 책은 그보다 덜 중요해 보이는 책들에조차 밀려났고 결국 출간되지 못했다. 결정을 망설인 요인 중 한 가지는 에도의 독자들이 즐겨 읽은 '유학' 경전을 오늘날의 독자들과 연결시킬 자신이 없었다는 점이었다(하지만 이 한 번의 기회를 날림으로써 우리는 실력 있는 학자와의 관계를 지속하는 데 실패한 것인지도 모른다).

　타이완의 작가 탕누어는 출판사 편집자들을 굉장히 신기한 존재로 묘사한 적이 있다. 편집자들은 2000권밖에 안 팔리는 책들을 줄줄이 생산해내는데, 여기엔 "어떤 가치에 대한 신념이 확실히 존재하고 그 가치가 그들 마음속에 뿌리내리고"[3] 있다고 본 것이다. 여기서 말하는 2000부가 요즘에는 1000부로 줄었으니, 고쳐 말하면 편집자들은 '1000권밖에 안 팔리는 책을 줄줄이 생산해내는' 기이한 존재다. 그것을 두고 '고귀하다'고 평가해주면 요즘은 반은 칭찬으로, 반은 비웃는 소리로 들린다. 부富는 오늘도 내일도 변함없이 요구되는 세속의 진리인데, 부는커녕 자기 밥벌이도 못 하는 것 같기 때문이다. 따라서 모순적이게도 편집자는 출판의 지속성을 위해 종종 좋은 책들이 무덤 속으로 향하도록 방치한다.

　이외에도 제안받았던 것들 중 아일랜드 역사를 다룬 한 원고는 "국내 현실과의 접점이 없어" 반려했고, 영국박물관 가이드의 결정판이라 할 수 있는 원고 역시 너무 "전문적"이어서 돌려보냈다. 한 프랑스 사상가의 책은 "이론의 선도력이 하락하는 추이"라는 판단하에 배제되었다.

이처럼 수없이 거절한 책들만 모아도 하나의 지도가 완성될 정도다. 읽고 싶고, 읽어야 하는 책이라고 해서 독자가 자연스럽게 형성되지는 않는다. 보통의 독자들은 책을 읽으려면 삶의 일부를 잘라내야 하고, 스스로 책 읽는 훈련을 해야 하며, 돈까지 지불해야 한다. 물론 책의 가격은 책이 담고 있는 가치에 비하면 턱없이 저렴하지만, 여타의 욕구는 언제나 지적 욕구를 쉽게 이긴다.

거절을 할 때마다 죄책감에 휩싸인다. 하지만 더 찜찜한 것은 내 판단이 잘못됐을 가능성이 있다는 점이다. 온갖 이유를 대며 거절한 원고들이 사실은 훌륭한 원고였던 경우는 셀 수 없이 많음을 역사가 입증한다. 알다시피 벤야민의 『1900년경 베를린의 유년시절』은 벤야민 생전에 단행본으로 출간되지 못했다. 그는 이 원고를 출간하기 위해 처음 탈고한 1933년 이후 1939년까지 수정을 거듭해 분량을 3분의 1 이상 줄였고, 의미심장한 서론까지 덧붙였다. 하지만 세 군데 넘는 출판사에서 하나같이 "글이 어렵다"라는 이유로 거절당했다. 다행히 벤야민은 사후 한나 아렌트에 의해 명예가 회복되었고, 책은 20세기 산문의 고전이 되었다.

편집자는 독자를 대표해 원고에 대한 최종 결정을 내리는 막중한 역할을 맡는다. 사실 편집자는 독자를 그리 잘 알지 못한다. 다만 최근 몇 년 사이의 판매 추이로 독자를 더듬어 짐작할 뿐이다. 여하튼 저자와 역자는 우선 편집자를 설득하려

하고, 편집자는 독자를 상상하며 그들의 욕구를 측정하려 한다. 하지만 최종 포기 판정을 내릴 때는 몇몇 계산이 끼어들어 그리 현명하지 못한 판단으로 귀결되기도 한다.

편집자들이 수많은 사람의 제안을 거절한 뒤 향하는 곳은 '좁은 문'이다. 성경에서 말하는 윤리적 의미와는 거리가 먼 좁은 문이다. 출판 시장에서 몸값 높은 저자들은 동시에 여러 편집자로부터 출간 제안을 받는다. 그중에는 꼭 출간되어야 할 질적 가치를 지닌 것이 있는 반면, 생명력이 짧아 보이는 경우도 많다. 어쨌든 그 좁은 문으로 들어가기 위해 편집자는 기획서를 작성하고, 미팅 약속을 잡고자 안간힘을 쓰며, 최종 간택을 받으려고 굽신댈 각오까지 한다. 어쩌면 지키지 못할 희망적인 약속을 제시하기도 한다. 그리고 마침내 거절을 당하는데, 그 이유는 아무리 되짚어봐도 오리무중이다.

한 저자는 A출판사와 글항아리에 동시에 원고를 투고했고, A출판사 편집자와 나를 각각 만난 뒤 최종적으로 A출판사를 택했다. 당시 거절당한 내 감정은 시간의 흐름에 따라 어리둥절-당혹감-자책감으로 이어졌다. 내가 무슨 실수를 했던 걸까. 나는 왜 신뢰감을 주지 못했나. 나의 어떤 면이 저자의 마음에 들지 않았을까……. 수많은 거절을 해봤기에 거절의 명분과 이유를 꿰뚫고 있는데도 자신이 거절당하면 이유는 미궁 속으로 빠져버린다.

물론 자기 독자를 얼마쯤 확보하고 있는 저자들은 출판사의 이미지, 규모, 디자인, 마케팅 전략 등을 고려해 비교 우위를 따진다. 하지만 책은 단순한 상품이 아니다. 책은 저자와 편집자 사이의 인간관계가 밑바탕이 되고, 거기에는 신뢰성과 호감이 적절히 스며들어 있다. 따라서 거절당했을 때 첫 반응은 '나의 어떤 점이 다른 사람보다 못할까' 하는 열등의식으로 향할 수밖에 없다. 나는 똑똑하지 않고 전략적이지 못한가, 나는 다른 편집자보다 성격이 좋지 못할 뿐 아니라 존재감도 없는가 라는 식으로. 언젠가 심리학책에서 '거절당하는 것은 당신 잘못이 아니다. 죄책감을 갖지 말라'는 요지의 구절을 읽기도 했건만, 막상 현실에 부딪히면 책에서 읽은 충고는 진가를 발휘하지 못한 채 무용지물이 되곤 한다. 편집자들이 일을 할수록 점점 더 유리 멘털이 되어가는 이유다.

친
구
가

될

수

있
을
까

20대 때 나는 학계에서 발표되는 최신 논문을 즐겨 읽었고, 날카로운 비평 의식을 지닌 학자들을 좋아했다. 그때 자주 만나던 사람들은 거침없이 자기 의견을 개진하는 이들이었는데, 그들의 글쓰기는 대체로 학술 세계의 틀에 갇혀 있었다. 내가 출판계에 들어와 가장 먼저 한 일은 그들과 헤어진 것이다. 왜 그랬을까, 한때 그렇게 쫓아다녔으면서.

우선 그들은 책이 아닌 논문을 주로 썼고, 몇 년에 한 권씩 펴내는 책도 논문의 색깔을 벗지 못했다. 출판이라는 '상업'의 세계로 들어온 나는 학술 연구를 교양 지식과 이야기로 바꿔낼 수 있는 저자들을 만나야 했는데, 논문은 "도무지 읽히지 않"는 글이거나, "삶의 구체성들을 담지 못하며, 마음의 깊이와 넓이를 헤아리지 못하는"[4] 글쓰기일 때가 많았기 때문이다. 내 청춘은 그렇게 한 번 정리되었고, 인간관계도 리셋되었다.

새롭게 맺어나가는 관계들은 쉽지 않았다. 이전에 주간 지 기자를 3년 반 동안 했던 나는 전처럼 저자와 대화를 나누기 보다 "원고 한 편만 써주세요" 하고 매달려야 하는 처지에 놓였다. 잘 알고 지냈던 교수가 초보 편집자인 나를 신뢰하지 못해 원고 주기를 꺼리면 자존심이 상했고, 다른 출판사 편집장과 경쟁해야 하는 상황에 처하면 나이 어린 여자에 대중적이지 않은 내 취향이 모조리 비교 열위의 요소로 생각되었다.

그런 나도 차차 나이를 먹고, 저자들이 하나둘 신뢰를 보내주면서 황금기라 할 만한 시절을 맞았다. 황금기라 말한 것은 무엇보다 저자들과의 '관계'가 돈독했기 때문이다. 원고 를 보는 편집자는 곧잘 원고와 저자를 동일시하곤 한다. 즉 글 이 좋으면 저자도 좋아하게 된다. 그의 학문과 글쓰기뿐 아니 라 삶의 궤적과 취향, 스타일까지도 관심 영역으로 들어온다. 그렇게 저자들의 삶의 방식과 가치관, 취향을 하나하나 엿보면 서 어떤 것들은 내 것으로 만들기도 했다.

유럽에서 유학했던 한 저자와는 한때 강렬한 관계를 유 지했다. 몇 권의 책을 같이 작업하면서 우리는 친밀해졌다. 퇴 근 후와 주말에도 만났고 메일과 전화, 미팅과 식사를 수없이 함께하며 관계를 더욱 단단히 다졌다. 나는 그로부터 많은 것 을 흡수할 준비가 되어 있었다. 예술을 보는 시선, 좋은 번역에 대한 견해, 훌륭한 문체에 대한 시각, 세상을 비평하는 법을 배 웠다. 하지만 문제가 있었다. 그는 '비평'과 '냉소'를 위아래 옷처럼 걸치고 있었기에, 그가 사는 세상은 회색빛이다 못해 핏빛일 때가 많았다. 또 걷다가 금방이라도 싱크홀에 발을 디딜 것처럼 평평한 땅 위에서 언제든 어둠 속으로 빠질 자세가 된 사람처럼 보였다. 나는 내가 너무 안일한 관점으로 세상을 밝게만 보는 것인가 싶었지만, 세상을 살 만한 곳으로 인식하지 못하는 순간 편집자는 삶의 활기와 기획 의욕 모두를 잃어버린다.[*] 즉 의욕과 냉소는 양립하기 어려웠고, 한때 '벗'이었던 좋은 관계는 이제는 거리에서 지나치는 타인만도 못한 관계로 전락했다.

이유는 슬프게도 '돈'이었다. 매력과 실력을 겸비한 글이 잘 팔릴 거라는 생각은 순진한 것이다(게다가 널리 안 읽힌다면 거기에 과연 '매력'이 있었던가를 재고해봐야 할 것이다). 그의 글에는 품격이 있었지만 거의 초판에서 그쳤고, 이런 상황이 몇 번이나 되풀이되었다. 나는 처음엔 그를 알아보지 못하는 독자들을 조금 원망하다가 점점 저자와 관계를 지속할 수 있을까 하는 불안에 빠졌고, 독자의 시각에서 그를 다시 바라보게 되었다. 그러자 한계도 보였고, 괴리도 읽혔다. 우리는 두 번 만날 것을 한 번 만났고, 어느 시점에는 그조차도 뜸해졌다. 하지만 그 시절의 기억은 여전히 강렬하고, 그만큼 아쉬움도 남는다.

30대 때는 체력과 정신력이 왕성해져 수많은 저자와의

친구가 될 수 있을까

---

[*] 고전학자 마사 누스바움은 『정치적 감정』에서 "완벽한 세계를 향한 절대주의적 분노보다는 유머와 유연함을 가지고 부조리하면서 추악한 인간 존재의 운명을 파악, 수용해야 한다"[5]라고 말했다.

관계를 그물망처럼 엮어나갈 수 있었다. 나는 사적인 관계들보다 저자들과의 관계를 촘촘히 짜나가는 데 시간과 노력을 집중했다. 같이 지방 답사를 갔고, 저자의 학술 모임이나 세미나에 참여했으며, 가끔 연극이나 무용 공연도 함께 봤다. 좋은 식당을 발견하면 저자를 가장 먼저 떠올렸고(나는 음식에 무심한 편이지만 저자와 만날 때만큼은 맛있는 음식으로 시간까지 살찌우고 싶었다), 토요일 아무도 없는 사무실에서 교정을 보는데 저자가 찾아오면 그게 참 좋았다(정민 선생이 차를 마시러 가끔 들렀다). 주말이나 퇴근 후에 저자가 일없이 전화하면 깊은 친밀감이 느껴졌다(『조선 여성의 일생』을 쓴 이숙인 선생, 『병원의 사생활』을 쓴 김정욱 선생 등과 통화를 많이 했다).

편집자는 전문적인 학술 세계에 속해 있지 않으면서도 그들이 축적한 연구를 흡수하려고 끊임없이 기웃거리는 존재다. 글을 읽고, 그에 관해 저자와 대화할 수 있다는 것은 새로운 세계를 구축하고 자기 발전을 이루는 가장 빠르고 핵심적인 방법이다. 또 편집자는 메인 스트림으로 직진해서 어떤 주제를 섭렵하기 좋은 직업이다. 공적 관계와 사적 관계를 선명히 구분하지 않고 둘의 경계를 지웠을 때 삶이 더 풍요로워질 수 있다고 생각하는 나는, 그들의 글과 삶에서 받은 영향이 내 사적 영역에까지 스며들도록 나를 활짝 열어두었다.

편집자는 동일한 주제에 계속 머물기보다 내적, 외적 요구에 맞춰서 포커스를 변경해나간다. 그리하여 가장 집중하는 관계는 사회적 흐름 및 내 개인 관심사와 맞물려 바뀌고, 새로운 저자들의 중심 주제가 최대 관심사로 떠오르면서 과거 저자들과의 관계는 그것대로 단단히 지속되거나 혹은 조금씩 옅어진다.

글항아리에서 다년간 몰두했던 주제는 '불평등'이다. 토마 피케티의 『21세기 자본』을 읽고 경제학자 폴 크루그먼은 '불평등이 향후 10년간 가장 중요한 이슈가 될 것'이라고 말했으며, 담당 편집자로서 나는 이 발언에 깊이 공감했다. 그런데 이런 공감은 예상과 달리 유사한 주제의 사회과학서를 더 펴내도록 만들기보다 학계 바깥으로 빠져나와 불평등한 현실에 놓인 에세이 작가들에게 눈길이 가도록 이끌었다. 그리고 전에 없던 관계들을 맺기 시작했다.

김미희 작가의 『문 뒤에서 울고 있는 나에게』를 편집하면서 나는 작가의 삶 속으로 깊이 휩쓸려 들어갔다. 부모의 이혼, 아버지의 알코올중독, 가난, 결혼과 남편의 투병 및 사별로 인한 고통을 보란 듯이 걸치고 싱글 맘으로서 삶을 꾸려가는 저자가 직면한 불안들을 옆에서 지켜보게 되었고, 이것은 나의 주제 의식을 추상적 논의에서 구체적 삶으로 옮겨놓았다. 그런 저자들과 관계를 맺으면서 내가 다루는 주제가 조금 더 현실적으로 다가왔고, 결여되어 있던 새로운 감수성을 얻게 되었다. 무엇보다 어려운 현실을 딛고 탄생하는 작가를 구체적으로 목격할 수 있던 점이 가치 있게 느껴졌다.

불평등은 곧잘 약한 무리 속에서 가장 강한 사람이 폭력을 휘두르도록 만든다. 피케티를 읽으며 갖게 된 불평등에 대한 관심은 처음에는 '가난'을 향했고, 얼마 뒤에는 가난한 이들 중에서도 더 약자인 어린아이나 여성에게로 옮겨갔다. 물론 이미 가정 폭력이나 페미니즘이라는 장르로 설정되어 있지만, 내 경우 '불평등 연구'를 펴내면서 이쪽으로 더 확실하고 단단히 가지를 뻗어나갈 계기를 얻었다. 퇴근해서『불평등의 대가』『평등해야 건강하다』『우리 아이들』『나는 왠지 떳떳하지 못합니다』와 같은 책을 읽던 나는 소득분배의 차등화 등 불평등이 사회의 분열이라는 대가를 치르게 할 것이라는 사실이 너무 두려웠다. 그런 와중에 자기 상처와 치부를 드러내며 그 배후에는 가난과 차별이 있음을 지목하는 에세이들로 독서의 경로를 조정해나갔다.

얼마 전부터는 20대 여성 저자와 책 작업을 시작했다. 그녀는 10대에 그루밍 성범죄를 당한 아픈 경험을 지니고 있는데, 그렇게 된 원인을 추적해서 올라가니 가난과 아빠의 폭력이 한 켠에 놓여 있었다. 가난은 아빠를 폭력적으로 변하게 했고 그 폭력은 엄마의 무기력으로 귀결됐다. 딸은 가정 안에 갇혀 슬픔을 맛보게 된다. 그런 슬픔 속에서 돈을 미끼로 10대 청소년들에게 접근하는 '아저씨'들의 세계에 휩쓸려갔다. 그로부터 10년 후인 지금 그녀는 글로 지난날을 적어 치유의 길에 첫발을 내디뎠다.

지금 나는 소수의 부자와 다수의 빈자라는 거대한 사회 구조에서 한발 떨어져 구체적인 가정과 그 속의 더 작은 약자에게로 들어가는 중이다. 남의 이야기를 잘 들어줄 만한 넓은 품을 갖고 있지 못하고 누군가의 문제를 해결해줄 만한 힘도 없지만, 편집자로서 산 지난 15년간 얻은 게 조금 있다면 이성적 인지능력과 공감 능력이다. 읽고 다듬고 세상에 내놓았던 수많은 원고는, '고통'이 집 지하실에 웅크려 있지 않고 빛 속으로 걸어 나와 실재하는 현실임을 알게 했으며, 귀 기울여 듣지 않으면 귀머거리가 되는 것은 오히려 나임을 깨닫게 했다.

　　작고 연약한 존재들과의 관계에 생채기를 내지 않고 잘 다져갈 수 있을까. 이런 관계를 맺게 될 줄 생각도 못 했지만 요즘 점점 더 연약하고 상처 입은 저자들과 작업할 기회를 얻고 있다. 이런 게 삶의 진화라는 걸까. 리베카 솔닛이 말한 "연대", 마쓰무라 게이치로가 말한 "내면의 타자를 깨닫는 일"을 이들 저자와의 연결 고리로 나도 이뤄낼 수 있는 걸까. 나는 과연 저들의 친구가 될 수 있을까.

각
주
의
욕
망

서울의 한 대학에 몸담고 있는 학자 Y는 학술지에 논문을 투고했다가 탈락했다. 그의 전공은 특수해서 학과가 설치된 곳은 국내에 두 군데뿐이며, 이 분야의 스승과 제자, 선후배들은 서로 논문 심사위원이 된다. 만약 논문이 심사에서 떨어지면 누가 그랬을지 익명의 심사위원까지 짐작할 수 있는 좁은 바닥이다(그런 까닭에 한국연구재단에서는 심사받고 싶지 않은 학자의 이름을 기입하는 난까지 마련해두었다). Y의 논문을 본 주변 동료들은 한 원로 교수의 논문을 주요하게 참고했다는 각주를 넣으면 다음에는 통과될 것이라고 조언했다. Y는 이를 따랐고, 다행히 그 논문은 학술지에 실릴 수 있었다.

학계에서 각주는 종종 권위 있는 이들이 모이는 장소로

여겨진다. 만약 어떤 학자의 선행 연구가 인용되어 있지 않다면, 이는 의도적인 배격 행위로 읽히기도 한다. 생략당한 이는 그 논문을 본 순간 자신을 언급하지 않은 빈칸을 커다란 구멍으로 인식하고, '나를 역사에서 배제하지 말라'고 말하고 싶을지도 모른다. 즉 각주의 연대기는 학문 논쟁의 역사이자 시기심의 물밑 다툼, '서사(본문)'와 '증거(주석)'의 대립, 세부 사실의 경중을 둘러싼 입장 차이로 서술될 수 있다.

사실 그 깨알 같은 설명과 출처에 대중 독자는 별로 관심이 없고, 편집자들 역시 걸리적거린다는 이유로 미주로 보내 버릴 때가 많다. 본문에 각주가 없으면 저자가 참조한 출처들을 일일이 되짚으며 쫓아갈 필요도 없고, 해당 논증에 대한 이견을 굳이 알 필요도 없이 저자가 완결지은 설명을 그대로 흡수하면 된다. 하지만 각주는 그리 간단히 처리할 수 있는 문제가 아니다. 인정 투쟁은 이 조그만 글씨들에서 나타나며, 저자가 본문에 드러내지 않은 채 감추려는 무언가는 독자들이 경중경중 뛰어넘는 글자들에 담겨 있다.

각주에 대해 논할 때 가장 많이 거론되는 인물은 『로마 제국 쇠망사』를 쓴 에드워드 기번이다. 기번은 고전에 대한 흥미로운 서술을 본문에 전면화하는 한편, 난폭함을 담은 사견이나 비판은 미주로 후면화했다.

본문에는 로마의 황제 마르쿠스가 정숙한 아내를 맞이하게 해준 것에 대해 신께 감사드리는 장면이 나오지만, 본문 말미의 미주를 활용해서는 그 아내가 황제인 남편을 속이려고만 들면 얼마든지 그럴 수 있다고 밝히며 마르쿠스를 비웃고 있다. 다시 말해, 기번의 본심은 확실히 황제의 순진무구함을 비웃는 뒤쪽에 담겨 있다.

이 미주에 대해 앤서니 그래프턴은 『각주의 역사』에서 "그의 각주는 종교적인 면에서나 성적인 면에서나 불경스럽기로 정평이 나 있다. 역사가 기번은 악명 높은 '요부' 파우스티나의 남편 마르쿠스 아우렐리우스 황제에 대해 이렇게 말"하지만 주석에서는 "아내가 자신을 낮추고 시치미를 뗀다면 남편은 언제나 속기 마련이"[6]라고 자신의 의견을 밝혔다. 즉 각주라는 창을 통해 기번은 비웃고 싶은 이들을 향해 펜을 휘둘렀다. 가령 독신의 신학자들은 스스로 거세해야 독신자로서 세상의 유혹을 피할 수 있을 것이라고 말하는 식이다.

다른 한편 기번의 각주는 '고급스러운 문체가 줄 수 있는 낭만성을 두루 갖추었다'는 평가도 받았다. 호르헤 루이스 보르헤스는 기번의 『로마제국 쇠망사 1』 15장에 나오는 주석을 가지고 「〈30〉 교파」라는 허구의 단편을 쓰기도 했다.

하지만 독자들은 바빠서 시간이 없으므로 본문 내용에 반하거나 혹은 내용을 둘러싼 논쟁을 걷어내고 속도를 내길 원한다. 그런 이유로 기번의 책은 후대에 각주가 계속 삭제되는 가운데 새로운 편집본, 번역본들을 낳게 된다. 국내에 첫 완역본이라고 소개된 민음사판이 번역 대본으로 삼은 것은 J. B. 버리판(1946)인데, 이 판본은 '기번의 잡담'이라 불리는 8300여 개의 원주를 4700여 개로 줄였다. 한국어판 역자들은 이 판본이 가장 뛰어난 편집본으로 인정받고 있어 자신들의 번역 대본으로 삼았다고 한다. 하지만 버리판의 4700여 개 각주 중에서도 한국어판은 기번의 개인적인 감회가 너무 짙게 담긴 것, 본문을 이해하는 데 도움이 안 되는 350여 개를 추가로 솎아냈다고 밝힌다. '일본어판에서도 본문 이해에 별 도움을 주지 못한다고 판단했는지 각주를 대부분 생략해버렸다'는 말을 덧붙여 정당성을 약간 확보하면서. 즉 독자의 요구와 취향 변화에 따라 18세기 문예의 고급한 형식이었던 각주는 폐기되거나 생략되기도 한다.

각주에서의 인정과 조롱은 논쟁적인 책에서 더 신랄하게 펼쳐지면서 전쟁터를 방불케 한다. 한때 학계에 커다란 논란을 불러일으켰던 마틴 버널의 『블랙 아테나』는 고대 그리스 문화의 이집트, 아프리카, 셈족 기원을 주장하는 책이다. 즉 그리스 문명이 이집트를 비롯한 동방 문명에서 기원했으며, 19세기 유럽인들이 그리스 고대사를 서술하면서 동방의 영향을 받았다는 사실을 삭제하고 아리아족 기원설을 정립함으로써 그리스 문명을 유럽중심주의 관점에서 재구축했다고 주장한 것이다. 그는 책 미주에서 학계 동료들의 연구에 대한 비판을 본격화하고 있다.

각주의 욕망

＊서론 미주 15번: 버크는 스피로풀로스의 가설을 언급하기는 하지만 대수롭지 않게 처리한다. 시메노글루는 자신의 방대한 참고문헌에서 스피로풀로스의 가설을 담고 있는 이전의 논문을 인용하지 않는다. 피라미드의 형태나 이집트와의 연결성은 언급하지 않은 채, 그는 스피로풀로스의 연대 추정만을 표적으로 삼는다. 헬크는 스피로풀로스의 저작을

전혀 언급하지 않는다.[7]

*3장 미주 9번: 톰프킨스의 뛰어난 학문적 저서에 학문적인 장치가 결여되어 있다는 사실은 비극이다.[8]

*5장 미주 156번: 파렐은 프리메이슨의 영향으로 미국의 장례 관습이 '이집트화'되었을 가능성을 논하지 않았다. 예를 들어, 워싱턴의 화려한 프리메이슨 장례식이 미친 영향은 흥미로운 고려 사항일 것이다. 선배에게 심한 짓을 하는 것이 불가피하기는 학자 역시 다른 모든 사람과 마찬가지일지 모르지만, 파렐 교수가 이 중요한 분야를 개창한 제시카 미트퍼드에게 그로록 경멸적인 태도를 취했으며, 또한 책 제목을 미트퍼드에게서 훔쳤다는 것은 여전히 슬픈 일이다.[9]

버널은 스피로풀로스의 가설에 대한 학계의 의도적 간과와 무시를 주석에서 강하게 비판하며, 한 학자의 경솔한 분석 장치도 짚어낸다. 또 존중받아 마땅한 연구자를 폄훼한 학자에 대해 반론을 펼치며, 그의 제목 도용 사실을 세상에 알린다.

완곡한 어법이지만, 평소 조선시대 차문화를 연구해온 국문학자 정민은 차계茶界에 대한 비판을 각주에서 드러내기도 했다. 차계의 연구자들이 문헌을 얼마만큼 치밀하게 보고 해석하는지 의문을 제기한 것으로 다음과 같은 것이 한 가지 예다.

본문 중에 '거근다원居近茶園'이란 말이 나온다. 여기서 다원은 차나무를 전문적으로 기르는 차밭을 뜻하는 것이 아니라, 다산초당을 가리킨다.

　＊주석:「백련사의 차문화 연구」라는 논문에는 "이 기록은 만덕산 부근에 다원이 있었다는 것을 새롭게 알 수 있게 한다. 이 상량문에서 다원이 가지는 의미는 사뭇 크다. 이것은 계획적으로 만들어진 차밭을 의미하고, 더 나아가 사원 경제 속에 자리한 다원의 경제적 위치를 알 수 있기 때문이다"라고 쓰여 있다. 다산 이후 만덕사의 만불차萬佛茶가 세상에 알려지면서 사방에서 차에 대한 요구가 밀려들어, 『만덕사지』에도 쓰고 있듯, 당시 이곳 승려들이 차 때문에 말할 수 없는 고초를 겪던 상황이었다. 공개적으로 다원을 경영하여 사찰 경제에 조금의 도움도 안 되는 차에 대한 수요를 부채질한다는 것은 생각하기 어렵다. [10]

　한편 독서할 때 각주도 꼼꼼히 읽는 독자는 주에서 밝혀 놓은 참고문헌이 보잘것없으면 그 책 역시 대수롭지 않게 여기는 경향이 있다. 가령 저자들은 미처 읽지 못한 원 자료를 자기 논거 증명에 활용하고자 다른 책에서 재인용할 때가 있다. 하지만 그 '다른 책'의 저자가 얕은 냇물에 불과하다면 독자는 '왜 섣불리 이런 유의 인용을 했을까' 하는 생각을 떨치기 힘들다. 서양 학문 전공자들은 한문에 접근하기 어렵다 보니 가끔 2차 텍스트를 통해 동양 고전을 전거로 끌어들이기도 한다. 하지만 움베르토 에코는 "출전들은 언제나 직접적인 것이어야 한다고 말할 수 있다. 내가 해서는 안 될 유일한 것은 다른 사람의 인용을 통해 대상 작가를 인용하는 일이다"[11]라고 말한 바 있다.° 즉 일부 독자는 얼핏 박학다식해 보이는 저자의 이면을 꿰뚫어볼 자세가 되어 있으니, 저자는 원 텍스트로 거슬러 올라가야 하며 다른 학자들의 연구를 쉽사리 선취함으로써 "학문적인 벼락부자"(에코)가 되지 않도록 주의해야 할 것이다.

말하자면 각주는 글쓴이의 실력을 검증하는 세밀한 장치다. 모름지기 학자는 선대의 문헌을 모두 검토한 뒤 그로부터 새로운 서사를 구축하고 자기만의 주장을 내놓아야 한다. 즉 매력적인 서사들은 저자가 매끈하게 창작한 도자기라기보다는 앞선 자들의 글을 모두 섭렵하는 성실성, 깎고 다듬는 도공 실력, 마침내 한 발 내딛는 진보로 인해 빚어진다. 독자가 각주를 보면서 안심하는 까닭은 글쓴이가 선대와의 경쟁에서 뒤지지 않고 마침내 살아남았음을 입증해주기 때문이다.

각주의 역사에서 빼놓을 수 없는 인물은 역사가 랑케다. 그는 독자의 수준을 높게 봤는데, 가능한 한 독자들이 본문과 함께 각주에 밝혀놓은 '생생한' 사료까지 공부하기를 원했다. 또한 학생들에게는 '자네들이라면 분명히 역사가 도출된 사료를 알고 싶겠지'라며 서사의 제공자들을 파헤치라고 권유했다.

읽는 직업

● 다만 어쩔 수 없이 간접적인 출전에 의존해야 할 때 "주의할 점은, 하나 이상의 출전에서 확인을 하고, 어떤 인용이나 사실 또는 견해에 대한 언급이 여러 저자에 의해 확인되었는지 살펴보는 것이다"[12]라고 말하기도 했다.

1차 사료의 중요성을 간파한 학자로서 랑케는 유서 깊은 기록보관소들을 제집 안방처럼 드나들 방법을 강구했으며, 필경사들을 고용해 사료들을 옮겨 쓰게 했다. 필부필부들이 먹고 마시며 밤을 소비할 때 그는 아침 일찍 도서관에 가려고 서둘러 잠자리에 들었으며, 올빼미형 인간들의 쾌락을 한 번도 부러워하지 않았다.

하지만 후대로 올수록 각주는 출처만 밝히는 무미건조한 공문서처럼 바뀌었다. 게다가 각주는 점점 길어져서 본문을 몽땅하게 만드는 현상까지 나타났다. 이럴 경우 책 전체의 논리성이 아무리 뛰어나다 한들, 책 읽기는 불쑥 튀어나오는 방해물로 내내 덜컥거리게 된다. 그런 이유로 각주의 존재를 달가워하지 않는 이가 많아졌다. 랑케조차 각주는 필요악이라 선언했고, 헤겔은 전염병을 피하듯 각주를 피했다. 기번은 큰 줄기의 논의들을 따라가기보다 세부 사실을 걸고넘어지며 앞으로 나아가길 방해하는 것은 '사회적 열등감의 표시'라고 했다. 그리하여 현대에는 한쪽에서 학자들이 각주를 위한 공간을 요구하는 반면, 다른 한쪽에서는 '각주 없는 원고를 써달라'는 출판인들의 요구가 상충하기 시작했다.

각주가 없다면 선대의 참조문헌과 옆길로 새는 다양한 생각들을 어찌해야 할까. 글은 하나의 물줄기로 흘러가야 하지만, 배제된 말들 속에는 저자가 꼭 넣고 싶었으나 흐름에서 한 발 비껴난다는 이유로 생략한 게 너무 많은데 말이다.

각주의 욕망

막대자석 같은 저자

이 글을 쓰는 이유는 오로지 편집자들을 위해서다. 편집자인 나는 생의 후반부에 이르렀을 때 온갖 천 조각을 이어붙인 넝마 같은 기억의 담요를 덮고 싶지 않다. 얇고 해진 천 쪼가리를 붙들고 그것이 내가 만든 책이었거나 함께한 저자였다고 회상하고 싶지 않은 것이다. 계속 함께할 저자와 한 권만 내고 관계를 끝낼 저자의 차이는 한마디로 말해 우리 사이에 어떤 유형이든 '미학'이 있는가의 차이다. 세상을 바라보는 저자의 인식 자체가 하나의 미학을 형성해 편집자(이자 독자)를 성장케 하거나, 혹은 아교처럼 둘 사이를 붙이는 관계의 미학 같은 것 말이다.

권택영 선생의 『생각의 속임수』를 읽으면서 줄곧 떠올

린 사람은 시어머니였다. 시어머니라니? 이 책이 처음부터 끝까지 단단히 붙들고 있는 요소는 '감정'이다. 우리가 '생각'한다는 것은 일종의 속임수이며, 오히려 '감정'이 기억과 앎과 판단을 좌우한다고 말한다. 나의 시어머니는 늘 마치 자아가 없는 것처럼 상대를 바라보고, 쓰다듬고, 껴안고, 먹인다. 상대의 몸집을 부풀려줄 줄 알고, 그런 경험이 상대방 뇌의 뉴런에 저장되게 만듦으로써 그의 인지능력을 키워준다. 닳고 닳은 말로 상대를 치하하거나 탓하지 않는다. 그녀는 타인을 대할 때 언어가 잠시 몸을 움츠리도록 하면서 둘 사이에 친밀함만이 남도록 한다. 『생각의 속임수』를 읽으면서 나는 시어머니의 모습을 이처럼 뚜렷하게 형상화하고 각인시킬 수 있었다.

이 책은 삶의 신비를 푸는 여섯 개의 질문을 기억과 인지라는 뇌의 작용 및 문학과 영화라는 이야기를 통해 밝힌다. 노학자로서 그는 좁다란 지성의 수로를 그저 오가는 데 그치지 않고, 최신 뇌과학 연구를 따라잡으면서 이것이 어떻게 감정과 연결되는지를 파고든다. 특히 그가 수십 년간 읽어온 블라디미르 나보코프, 헨리 제임스 등의 작품을 통해 잘 짜인 작품의 형식이 어떻게 삶의 미적 경험과도 긴밀한 관계를 맺는지 밝힌다.

책을 만들면서 저자와 특별히 끈끈한 관계를 맺은 것은 아니다. 내가 그를 좋아했던 이유는 그가 인식능력의 앙상한 줄기만 내보이는 사람이 아니었고, 고압적인 삶의 자세를 지니지도 않았기 때문이다. 독자가 더 많이 찾아오도록 가지치기에 능했으며, 과학의 언어에 낯설어하는 독자가 있다면 곧장 뇌과학으로 이끌기보다는 문학으로 우회하여 설득할 줄 알았다. 그는 '바틀비나 마처의 삶을 보렴. 바틀비는 균형이 깨져서 혼자 고립되어 에너지가 밖으로 들락거리지도 못하고 안에 고여 있잖아. 마처는 마음의 저장고가 텅 빈 인물이야. 화려한 잔치에서 쫓겨난 사람처럼 과거나 현재의 좋은 기억은 없어'라며 독자에게 저들처럼 되지 말라고 부드럽게 주문한다.

이런 저자는 편집자를 자연스레 그의 미래로 끌어들인다. 내(독자, 편집자) 안의 또 다른 나를 불러내 밥 먹이고 옷 입혀 키워준 저자가 다음 행보를 내디딜 때, 나는 그 옆에 찰싹 붙어 있어도 되겠느냐고 묻고 싶어진다.

자기 삶을 꼭꼭 눌러 담아서 공적 자아로 확장시키는 이들은 '타고난 저자군'에 속한다. 『착취도시, 서울』의 저자 이혜미 기자를 처음 만났을 때 속으로 '이 사람은 인물'임을 직감했다. 가난했고 임대주택에 살았던 경험을 지닌 그는, 빈한한 출신이라 '악바리'처럼 노력한다는 이야기가 듣기 싫어 옛 삶은 되도록 숨겼다. 하지만 창신동, 동자동, 사근동의 쪽방촌 사람들이 죽을 때까지 빠져나오지 못할 가난의 절망을 증언하자, 자기 이야기를 풀어놓기로 마음먹었다. 가장 중요한 것을 직시하고자 군더더기 감정과 기억은 과감히 하수구로 흘려보내고 공적인 존재로 자아를 확장시켜 스스로 '글감'이 되는 이들을 독자는 좋아한다. 록산 게이가 『헝거』에서 보여주는 아주 뚱뚱한 몸이라는 현실과 성폭행당한 과거, 리디아 유크나비치가 『숨을 참던 나날』에서 드러내는 자기 생에 대한 혐오……. 우리 모두에게도 상처받은 자아가 있지만, 작가가 아닌 사람들은 이 모습들을 껍데기 안에 감추는 데 익숙하다. 하지만 자세히 살펴보면 감춰진 것은 부끄러운 자아가 아니라 (유색인종) 차별, (뚱뚱한 것에 대한) 혐오, 남성(친아버지)의 성폭행이나 무능한 엄마의 차별 어린 시선과 폭력이다.

> 캄캄하고 차디찬 겨울 밤하늘, 어느 방향으로 흐르고 있는지, 깊이는 어느 정도인지 가늠할 수 없는 새카만 강, 무슨 일이 일어났는지 기억조차 하기 싫은 까만 차 한 대, 검정 쓰레기봉투들과 검정 바람막이를 입은 나. 12월 25일 크리스마스 날 나에게서는 악취가 나기 시작했다. (…) "○○양 3만 원 너무 적지 않아요? 잠깐 애무만 하면 5만 원 받을 수 있는데 그건 어때요?" 어차피 몸만 만지는 거라면 씻으면 되는 거니 상관없지 않을까 싶었다.•

이런 고백은 자칫 '벽에 머리를 찧어도 성이 안 풀릴 만큼 어리석은 나, 고작 5만 원 때문에 몸을 더럽힌 나, 제 발로 컴컴한 동굴 속으로 들어간 머저리 같은 나'라는 딱지를 스스로에게 붙일 수도 있지만, '나'는 그렇게 나를 파괴하는 대신 글을 쓴다. 후회하고 자책하다가 이게 아니구나 싶어 밖을 향해 목소리를 낸다. '잘못은 너희 남성들한테 있다'고.

우리가 경험하지 못한 일을 어떤 작가들은 자신의 삶을 통해 보여준다. 그 터널을 지나온 심정과 거기서 건져 올린 한

막대자석 같은 저자

• 이 원고는 2021년 『악취』(강그루 지음)라는 제목으로 출간되었다.

줄기 희미한 빛 같은 것을. 이런 경험은 쉽사리 잊히지 않으므로 이들은 자신과 세상을 자양분 삼아 글쓰기로 생을 밀고 나갈 것이다. 그래서 나는 이들의 두 번째 책이 기다려진다.

『어느 날 나는 바깥으로 들어갔다』의 저자 최윤필은 인간 감정의 흔들림 같은 것을 포착할 줄 안다. 그가 지닌 주요 정서는 안타까움이다. 회상과 추억과 안타까움은 저절로 갖춰지지 않는다. "회상은 자신이 소중하게 여기는, 어떤 특정한 흔적을 유지하는 방식이고 끊임없는 회상은 특정한 파도를 인공적으로 소환, 복제하여 그 특정한 흔적을 부지런히 보수하고 나아가 본래 모양대로 더 깊게 새기는 것이다."[13] 최윤필의 감정은 시공간에 대한 역사적 인식을 바탕으로 하며, 거기에 윤리성을 덧입혀 정당성을 확보한다. 그는 모든 밀려나고 사라지는 것을 책에서 조명하는데, "어떤 것을 밀어내고 사라지게 하는 데 앞장서는 것들은 그 시스템의 내력벽耐力壁 뒤에 숨어 도덕적 부담을 덜고, 그러면서 시스템을 두텁게 굳힌다"[14]면서 시대의 조류와 지배적 가치에 아우러지지 않은 것들을 만나러 다닌다. 만년 2등인 국가대표 수영 선수 배준모 군을 만나서는 "상처를 건드리지 않으면서 증상에 개입해야 하는 경우처럼 특별히 섬세하게 접근해야 하는 일들이 있다. 차별이 그런 경우다. 차별 현상을 해석하고 지향과 해법을 모색하는 일은, 논리의 정연함 못지않게 논리의 품격을 요구한다. 차별의 낮은 쪽 편을 든다면서 가지런히 빗질된 이성만으로 덤벼들어 상처를 후벼 파고 차별의 구조를 굳히는 데 부역하는 예는 흔하다. 누구나 개입할 수 있지만 아무나 제대로 개입하긴 힘든 저 화사한 모순의 화단 안에서, 차별은 자란다"[15]며 그가 겪어왔을 상처들을 너무 벌리지는 않으면서 조심스레 약을 발라주며 우리에게 들려준다. 인간의 감정을 잘 보듬어 보존하는 이러한 글을 만나면 편집자와 독자는 막대자석 같은 저자에게 철가루처럼 달라붙게 된다.

하지만 세상에는 일회성 관계도 많다. 계약서에 명시된 대로 의무를 다하고 지불을 마치면 더 이상의 연장도 미련도 없는……. 실력이 없는 저자들은 너무 뻔한 레퍼토리이니 딱 한 줄만 할애하자.• 실력은 없지만 과욕이나 상투적인 권력을 가진 이들, 그들의 구멍을 메우느라 편집자들은 흩어진 밀알들을 끌어모아 반죽하듯이 숱한 시간을 갈아 넣는다.

자기 공부에 너무 매몰되어 있거나 지나치게 현실적인 저자도 오래가기 힘들다. 공부로 인해 시야가 넓어지기보다 오히려 좁아지는 이들이 가끔 있다. 전문성의 폐해라고 오랫동안 지적되어온 바로 그 현상이지만, 여기서 말하고 싶은 부류는 독자의 호기심보다도 더 폭 좁은 관심사만 유지하는 저자들이다. 알다시피 독자들은 성큼 성장한다. 어떤 저자들은 그 사실을 눈치채지 못한 채 자기 글에 갇혀 있곤 한다. 밀란 쿤데라는 '인문주의적 꿈'(소설 등)이 축소라는 흰개미가 갉아먹으면서

• 하지만 실력 없는 저자의 글을 편집자가 많이 가필한 경우, 이를 바깥으로 드러내는 것은 별로 좋지 않은 듯하다. 책 편집에 얽힌 이런 비화는 아무래도 무덤까지 가져가야 하는 것 아닌가 하는 생각도 든다.

모든 대중이 받아들일 만큼 단순하고 반복적인 것에 머무는 것을 비판했는데, 독자들 역시 이런 축소된 세계가 달갑지 않다.

최근에는 눈앞의 이익에 매몰되는 저자가 더 많은 듯한데, 그건 아마도 우후죽순 생겨나는 인터넷 매체들이 단기적인 이익을 더 선명하게 보여주기 때문일 것이다. 하지만 독자나 편집자는 그저 상인의 이익을 좇는 부류가 아니다. 저자가 우리 삶을 사회적 기능으로 축소된 뼈다귀가 아닌 살점이 풍부한 형태로 빚어주길 원한다. 즉 우리는 현실을 앙상하게 느끼고 있지만 거기서 더 풍부한 의미를 발견할 수 있노라고 낙관의 기운을 불어넣는 저자를 기대한다.

그들은 가난하다

철학을 전공한 뒤 전문 번역가가 된 H를 만났다. 그는 글항아리에서 철학책을 번역했지만, 사실 번역가로서 그가 걸어온 행로에는 뚜렷한 방향성이 보이지 않았고, 한 명의 독서가로서 그가 어떤 책을 좋아하며 미래는 어떻게 계획하고 있는지도 읽히지 않았다. 처음 얼굴을 보고 대화하면서 그에게 받은 인상은 매우 신중한 철학자 같다는 것이었다. 과잉되고 들뜬 말투로 상대에게 끊임없이 말을 거는 편집자(이 식당 마음에 드나요? 무슨 음식을 좋아하나요? 선생님 번역 너무 좋았어요. 앞으로 어떤 작업을 계획하고 있어요?)와는 달리 존재의 무거움을 현시하는 것만 같았다.

궁금했다. 말투도 행동도 철학자 같은 그는 왜 전공과

55

관련 없는, 즉 트렌드를 좇고 겉치레에 능한 책들을 주로 번역해온 걸까? "돈이 되니까요." 그의 대답은 명확하고 간결했다. "벌어들이는 수입은 똑같은데 철학책에 비해 노력은 반도 안 들고, 속도는 두 배 이상 낼 수 있어서요." 우리는 결혼 여부나 자녀의 유무도 모르는 사이였지만, 번역 이력에서 시작된 질문은 갑자기 개인 생의 반경으로 방향을 틀어 얼마간 이질적인 이야기로 내달렸다. 생후 몇 개월밖에 안 된 아이를 아내와 함께 키우고 있는 그는, 가족의 생계를 책임져야 하는 처지였다. 대화 도중 갑자기 그가 내 앞에서 머릿속으로 계산기를 두들기기 시작했다. 한 시간에 번역할 수 있는 원서 분량은 몇 줄이고, 하루 종일 숨만 쉬고 작업했을 경우 최대한 번역할 수 있는 분량은 원고지 몇 매라는 계산이었다. 거기에 원고지 장당 3500원을 곱해(초보 번역가는 대개 200자 원고지 1매당 3500원을 받는다) 한 달 수입을 도출했다. 이어서 흘러나온 것은 분윳값과 기저귓값 같은 용어였고, 오랜만에 자기 관심사인 철학책을 번역한 것이 지난 몇 달간 야기한 금전상의 손해도 계산해냈다. 작가의 생계에 대한 절박함은 편집자에게 고스란히 전해져, 나는 의뢰하려고 들고 나갔던 새 철학책 번역 작업은 말도 꺼낼 수 없었다. 얼마 안 있어 그의 시간을 아껴주기 위해 우리는 서둘러 각자의 집으로 돌아갔다.

　　작가 M은 최소 월 200만 원을 벌어야 가족의 생계를 책임질 수 있다. 하지만 그의 1년 인세 수입은 400만 원이 채 안 되었다. 원고를 쓰는 데는 1년에 조금 못 미치는 시간이 걸렸고, 가끔 아르바이트도 했지만 '작가' 범위에서 벗어나는 일에는 손을 대지 않았다. 굶더라도 향후 몇 년간 작가로서의 가능성을 점쳐보고 싶었던 것이다. 그에게 가난은 피부처럼 밀착된 것 같았다. 40년 넘는 생애 동안 가난하지 않은 적이 없기 때문이다. 그 가난은 글감이 되어주기도 했는데, 의외로 그의 글이나 삶을 대하는 태도에는 자부심이 넘쳤다.

　　작가들은 가난하다. 정부에서 매년 실시하는 '문화예술인실태조사'의 통계 수치가 보여주는 작가의 연평균 수입은 마치 지난해 자료를 그대로 복사해 올해 다시 내놓은 것처럼 변함없다. 그들은 원래부터 가난했을까? 가난한 집안에서 태어난 이도 있고, 반대로 웬만큼 살던 집안에서 태어났지만 작가의 길을 걸으면서 생계 걱정에 휩싸이게 된 이들도 있다. 하지만 작가들의 가난은 통계로 발표될 뿐 천태만상으로 세상에 전시되는 일은 별로 없어, 대중은 그들을 '가난한 작가군群'으로만 인식한다(행여 가족 중 누군가 그 '군'에 속하겠다고 마음먹으면 뜯어말린다. 통계가 비로소 현실의 위협으로 다가오기 때문이다).

　　작가의 가난을 옆에서 세세히, 혹은 짐작으로 알 수 있는 사람은 편집자다. 출판사는 작가에게 인세를 지급하는데, 만약 다른 수입 경로가 없다면 그의 총수입이 훤히 드러나기 때문이다. 가난한 작가는 자기 독자를 대량으로 확보하지 못해 가난한 것이므로 출판사도 더불어 가난해질 위험에 처한다. 그래도 출판사는 다른 저자의 책을 팔아 손해를 메울 수 있고, 직장인인 편집자는 연차가 높아질수록 연봉도 올라간다. 반면 책값은 10년이 지나도록 거의 변함없고(가격 인상에 대한 소비자 독자의 저항이 거세다) 번역비 등도 제자리걸음이어서 시간이 지날수록 편집자와 가난한 작가의 수입 격차는 더 벌어지곤 한다. 같은 책을 놓고 그것에 몰두하는 일종의 동지이면서도 각자의 경제적 처지는 점차 다른 방향으로 나아간다. 즉 작가의 책을 만들어 돈을 버는 편집자는 원본 창작자보다 경제적으로 더 풍요로움을 누리는 것이다(물론 편집자의 수입도 그리 높지 않아 상대적 관점에서만 그렇다).

이런 면에서 가끔 작가-편집자의 관계가 기이하게 느껴진다. 편집자는 그들에게 얼마나 기대고 있고, 그들의 가난에 얼마만큼의 빚을 지고 있는가(이를테면 어떤 작가는 책이 안 팔려 출판사에 손해를 끼쳤더라도 출판사의 브랜드 이미지를 높여주었을 수 있다). 하지만 역사를 되짚어보면 원본 창작자가 엄청난 부를 획득하는 사례는 흔치 않았다. 그들의 애초 목적이 작품으로 돈을 버는 데 있지 않았기 때문에 이런 질문 자체가 잘못된 것일지도 모른다. 탕누어는 요즘 중국의 젊은 신예 작가들이 어마어마한 부를 거머쥐는 것을 지켜보면서 쓸쓸함을 감추지 못했다. 부는 공중누각처럼 언젠가는 무너질 것이고 소설가나 시인은 가난과 너무 동떨어질 때 동시대인들의 현실을 잘 담아낼 수 없다는 이유에서다. 그는 평생 빈한한 생활을 했지만 누구도 써낼 수 없는 작품을 집필한 안톤 체호프를 주시한다. 그와 같은 작가의 작품들에는 이런 찬사를 붙일 수 있다.

그것은 '쓸모 있는' 것이고 가치를 낳기 때문에 우리가 다른 데서 얻기 힘든 갖가지 이해와 의미를 생성하기도 하며 슬픔은 단지 필요한 대가이거나 심지어 독특하고 심오한 오

솔길이 되어준다.[16] •

가난한 작가들은 대단하다. 사실 편집자는 여느 샐러리맨과 다를 바 없이 황량한 창작의 세계로 나아가기보다 출판사라는 우산 아래 들어가 안온함을 먼저 확보한다. 그리고 나의 글이 아닌 남의 글을 읽는다. 거의 경제적 무無를 각오하고 그 길로 접어든 작가군과 달리 편집자는 월급을 꼬박꼬박 받음으로써 덜 불안해 하며 일상을 이어간다.

우리는 같은 원고를 놓고 작업하지만, 다른 세계를 살아가는 존재일지도 모른다. 작가는 자기 자신을 투신해서 글을 써낸다. 편집자는 그 글을 읽고, 다듬고, 광고 문구와 보도자료를 쓴다. 그리고 서점에 자리를 잡을 때까지 다독인다. 이처럼 편집자도 노력하기는 매한가지지만, 그가 쓰는 카피와 글들은 절반은 책에 속하고 절반은 비즈니스 영역에 속한다. 고객 확보와 자본 획득이라는 목적성을 지닌 글이기 때문이다.

몇 년 전 P는 여러 해에 걸쳐 두꺼운 번역서를 완성했다. 많은 번역가가 그러하듯 텍스트가 까다로워 그도 연구를 병행하느라 작업을 오래 지체시킬 수밖에 없었다. 그가 번역을 하면서 밤에는 식당에서 설거지를 했다는 사실은 책 출간 이후에야 알게 되었다. 함께한 식사 자리에서 그는 "당신들은 식당

• 물론 누구나 이렇게 살 수는 없다. 사실 대부분의 작가는 오히려 그렇지 못하다. 페터 한트케는 자기 어머니 세대가 겪은 가난은 "그야말로 치욕"이었다고 말하지 않았던가.

에 가면 계란찜 시키지 마세요. 그거 눌어붙어서 설거지하기 정말 힘들거든요"라면서 번역을 하는 동안 설거지 아르바이트를 했다고 털어놓았다. 그는 가정에 돌아가서도 떳떳하지 못했다. 아버지나 남편에게 기대되는 역할을 제대로 해내지 못했기 때문이다. 게다가 남들은 건강 챙기기에 여념 없는 50대에 그는 몸을 혹사시켰다. 책에 온전히 몰입하던 정신력은 강도 높은 노동으로 몸이 쇠해지면서 점점 흐트러졌고, 작가로서의 자신감도 조금씩 잃어갔다. 가끔 이전 직장 동료들로부터 일감이 들어와도 거절했고, 그들과 잘 만나지도 않았다. 다시 그쪽 세계에 한발 담갔다가는 예전 습성들이 되살아나 관성이 확 끌어당길 수 있기 때문이다. 손만 뻗으면 더 안락한 세계가 옆에 있지만 애써 쳐다보지 않는다. 거기서는 편하고, 더 풍요로우며, 가족을 건사할 수도 있다. 하지만 그는 다른 일을 하는 자신을 좋아하지 않았다. 늘 도서관에서 자료를 보고 글을 쓰는 그는 가끔 나에게 전화를 걸어온다. "내가 쓰고 있는 이 인물이 정말 대단하다. 그가 없었다면 내 삶이 어떻게 됐을까."

가난하지만 그는 꿈을 현실로 만든 사람이다. 그래서 편집자는 작가의 가난을 안타까워할 때가 있을지언정 그들을 동정할 수는 없다. 작가는 우리가 동정할 위치에 있는 사람들이 아니기 때문이다. 그들은 자기 작품에서 타인들을 점차 깊이 만나고 그러면서 더 확장된 세계로 진입한다. 편집자나 독자는 알 수 없는 그러한 세계로. 그런 작가의 손에서 진귀한 작품들이 나오곤 한다. 몇 번 포기하려고 마음먹은 데서 끝까지 가봤을 때 남들이 알지 못하는 하나의 세계가 열리기 때문이다.

삶
이 글이
될 때

메일의 원고 투고함을 열면 투고자는 편집자가 어떤 사람인지도 모른 채 자기 삶을 늘어놓고 있다. 원고를 검토한 이가 남자인지 여자인지, 20대인지 50대인지, 어떤 글을 좋아하고 어떤 글을 얕잡아 보는지 아무것도 모른 채 출판사에 자기소개서와 글을 보내온다. 손가락으로 까딱 클릭을 하자 사건들이 펼쳐진다.

- 이 글에서 밝힌 투고자들의 인용글은 모두 글항아리 투고함으로 들어온 것이다. 그중 글항아리에서 펴내는 책도 있고 다른 출판사에서 출간된 책도 있다.

학교 폭력을 당한 동생, 생계를 잃으신 부모님, 그리고 용돈이라도 제힘으로 벌고 싶어 아르바이트 구직 사이트에 공개 이력서를 올리고, 그 이력서를 보고 연락한 한 성인 남자를 만나 6개월간 조건 만남을 하게 되는 저의 부끄러운 과거 이야기입니다. 책을 쓰고 투고하게 된 이유는 10년이 지난 지금도 동일한 방법으로 미성년자에게 접근해오는 어른들에게, 돈을 벌기 위해 '조건 만남을 해볼까?'라고 생각하는 아이들에게, 그런 아이들을 문제아로만 보고 외면하는 사회에 경험자로서 이야기하고 싶어서입니다.

작가는 자신을 '악취'라고 불렀다. 그녀의 과거에서 악취가 난다는 뜻일까, 아니면 자신이 접촉한 남성들에게서 시궁창 냄새가 났는데 그들과 살을 맞댄 나에게도 냄새가 옮겨붙었다는 뜻일까. 단 한 단락에 부모와 동생의 생애, 폭력의 온상이 된 학교와 남성들의 성 착취, 사회가 미성년자를 위험으로 몰아넣는 이야기가 모두 담겨 있다. 이름도 밝히지 않은 작가의 이력서는 무미건조함과는 거리가 멀어 단번에 시선을 사로잡았다. 책에서 흔히 봐왔던 그루밍 성범죄와 페미니즘 담론, 하위 계층의 위태로운 삶, 불안 사회의 경험을 종합한 한 개인의 짧은 생애가 펼쳐진다. 편집자는 글을 읽는 사람일 뿐인데, 거기에는 감당하기 힘든 '형사' 사건들이 나온다. 성년이 되기 전 자기 몸을 거래 관계에 놓을 수밖에 없었던 작가는 의식과 이념을 습득하면서 방향성을 갖고 사회와 자기 자신을 동시에 파고든다. 작가는 고등학생 시절 가정과 사회로부터 보살핌을 받지 못한 채 방치되었는데, "상처를 입는다는 것은, 상처에 대해 성찰하고 상해가 배분되는 기제를 알아내고 (…) 또 다른 누군가가 어떤 방식으로 고통받는지를 알아낼 기회를 갖게 되는 일"[17]이기에 그녀는 계속 글을 쓴다.

또 다른 메일을 확인한다. 담백한 생애와 달리 자기 삶을 글로 쓰는 이들은 대개 파문 없는 시간들을 살아오지 못한, 삶 자체가 글이 된 이들이다. 이번에는 조울증을 앓은 정신건강의학과 의사의 에세이다.

저는 가끔 힘들 때면 제 자신이 죽는, 즉 자살하는 상상을 하곤 합니다. 죽음은 삶보다 어둡지 않고 차라리 사는 게 더 무서웠기에 죽음에 대한 생각은 그칠 줄 모릅니다. 그런 이유로 어려서부터 심리학에도 관심이 많았고, 이상하게도 '죽음'의 반대편에서 '삶'을 위해 노력하는 의사가 되고 싶기도 했습니다. 그러면 내 안의 어둠이 떨쳐질까 해서였죠. 하지만 우울증으로 빠져드는 순간을 제 마음대로 조종할 수 있는 것은 아니기에 몇 번 자살하고 싶은 충동이 들었고 살기 위해 더는 몸부림치기 싫어 사직도 했습니다. 지금은 정신과 진료를 받고 많이 회복되어 나와 같은 고통을 겪고 있는 이들을 위해 이 책을 썼습니다.

짧은 자기소개에 '자살'이란 단어가 두 번 등장한다. '어둠'이 세 번, '사직'과 '고통'이란 단어도 무겁다. 그에겐 타인의 자살이 나의 어둠을 비추는 계기가 되었다. 알다시피 자살은 옆 사람 또한 당사자와 비슷하게 짙은 농도로 절망을 맛보게 한다. 내면의 우울에 대한 모든 것을 글로 써 『한낮의 우울』을 펴낸 앤드루 솔로몬에게도 엄마의 자살이 우울증의 한 원인이 됐다.

작가가 보내온 원고를 조금 읽어본다. 역시 물줄기의 근원이 없지 않다. 작가의 어린 시절, 어머니의 기분은 하루에도 몇 번씩 위아래로 출렁였다. 가라앉는 날이 며칠씩 지속되면 어머니는 종이 인형처럼 이불 속에 누워 있었고, 기분이 위로 치솟으면 가족들을 보살피며 더없이 다정해졌다. 하지만 어머니 세대는 그 증상을 병명으로 규정할 줄 몰랐고, 정신적인 문제로 병원에 가는 것은 상상도 못 했으며, 그저 성격이나 기분 문제로 치부했다. 의사인 작가는 어머니와 같이 산 세월을 거슬러 올라가며 뒤늦게 자신의 어머니가 조울증이었음을 진단하고, 자신도 그 영향을 받았음을 알게 된다. 의사 스스로 자신이 환자임을 인정하는 것은 대단한 용기를 필요로 한다. 그의 역사는 '의사'로서와 '환자'로서의 입장이 동등한 비중으로 기록될 것이다.

2년 전에 우울증을 진단받고 치료 중인 23세 딸의 엄마입니다. 남의 일 같던 우울증이 딸의 인생에 갑자기 끼어들고부터 딸과 함께 우울과 불안을 극복하고 있습니다. 번번이 울고 어쩌다 웃는 일상은 반복되고 있지만 희망을 놓지 않기 위해 우울 관찰 일기를 씁니다. (…) 매일 천국과 지옥을 오가면서 남의 글을 훔쳐보고 기록을 남기고 글을 씁니다.•

예비 작가들 중 많은 이가 어느 대학을 졸업했고, 전공과 경력은 무엇인지를 밝히기보다 자기 마음이 어떤 길을 밟아왔고, 비극의 씨앗이 된 가족의 이력과 그것으로부터 벗어나기 위해 분투해온 삶을 소개글로 내세운다. 위의 작가는 딸의 우울증을 겪으면서 자신이 원인 제공자는 아니었는지 지난 삶을 하나하나 짚어간다. "딸의 우울증이 내 탓인가요"를 계속 되뇌면서. 어느 날은 딸의 진료 시간에 맞춰 같이 병원에 갔다. 그러고는 이런 글을 남겼다.

의사가 보여준 검사질문지 항목 중 요즘 자주 자살하고 싶다는 항목에 아이는 '네'를 적어놓았다. 눈물이 점점 차올라 앞이 보이지 않는데 닦을 생각도 못 하고 있었다. 시작이 어디서부터였는지 모르는 것처럼 끝도 어디인지 모르는 길을 가고 있다.

아이를 키워본 적이 없는 나는 이런 글을 보면 막막하고 괜스레 미안한 마음이 든다. 그 삶에 완전히 공감하긴 어렵지만 얼마쯤 같이 느끼고, 무엇보다 글로 그 생애가 어떻게 전개되는지 목격하고 싶은 욕구 때문이다.

흔히 정돈되지 않은 삶을 살던 사람들은 울음과 비탄과

● 2019년 12월 19일에 투고되었으나 이후 이담북스에서 『오늘도 나는 너의 눈치를 살핀다』(김설 지음, 2020)로 출간되었다.

삶이 글이 될 때

원망에 빠져 지내다 마침내 병원에 가며, 종교를 갖기도 하고 주변 사람들과의 관계를 정리하거나 가다듬는다. 그러다 그 모두에 실패하면 책의 세계로 빠져들곤 한다. 책을 읽으면서 내 삶을 쓴다. 그처럼 사적인 독서는 의료 시스템, 종교 권력, 장구한 역사를 지닌 가족이 껴안지 못한 자기 문제를 거울을 들여 다보듯 꿰뚫어보게 해주기 때문이다.

저는 지난 25년 동안 층간소음을 포함해 '공동주택의 소음' 문제로 심각한 트라우마를 겪었습니다. 이 때문에 삶이 완전히 파괴되는 경험을 했고, 여전히 그 트라우마와 싸우고 있습니다. 25년간 39번의 이사를 했고, 23군데가 넘는 직장을 다녔습니다. 불행했던 가족사와 그 불행을 이겨내보려고 했던 노력 속에서 제 심신이 어떻게 파괴되어갔는지를 썼습니다.

이 글의 작가는 재난을 몸에 새기고 있는 사람이라는 게 단번에 읽힌다. 원고를 펼쳤더니 곳곳이 처절한 싸움이고, 재난에 맞서려는 몸부림이다. 작은 불운들이 매일 먼지처럼 쌓이다 보면 눈덩이처럼 커져 한 사람을 단번에 쓰러뜨리는데, 그런 그의 글은 숨 쉴 수 없을 만큼 빽빽한 생을 구성해낸다. 누군가는 층간 소음을 그저 불평거리로 받아들일지 몰라도, 저자는 그 때문에 불면의 밤들을 축적하면서 몸과 마음이 이를 데 없이 황폐해졌다. 그의 글을 읽으면서 인간이 '사막'이고 '황무지' 라면 바로 이 사람을 가리키는 것이리라는 생각이 들었다. 그는 누구보다 열심히 살았지만 마음 밭은 물기 하나 없이 메말랐고 양분도 거의 없었다.

'어떤 생은 헐겁고 어떤 생은 밀도 있다', 감히 이렇게 평할 수는 없지만 그럼에도 어떤 생들은 분투와 감정으로 가득차 있어 그걸 읽는 독자는 상대적으로 자기 삶이 밋밋하다고 인정할 수밖에 없는 경우가 있다. 헐거운 생을 살아온 편집자는 이런 생을 살아온 작가를 어떻게 대해야 할까. 만남의 바탕에는 '공감'이라는 게 있어야 하는데, 트라우마는 매우 개인적인 경험이라 쉽게 공감한다는 거짓 마음으로 무장하기는 싫다. 처절한 생을 견뎌낸 저자에게 경외감이 드는 한편, 이 몰입도 높은 원고를 독자들이 견뎌낼 수 있을까 하는 걱정도 든다.

이 원고를 읽으면서 몇 개월 앞서 읽었던 한 투고자의 또 다른 자기 고백 에세이가 떠올랐다. 두 저자는 글쓰기에서 누구에게도 뒤지지 않으려 하는 데다 독자에게 숨 쉴 틈을 주지 않고 강풍처럼 몰아치는 엄청난 내적 에너지를 지닌 이들이라, 머릿속에서 두 사람의 삶이 바로 겹쳐졌다.

나에 대한 엄마의 폭행은 내가 스무 살이 되어 가출할 때까지 그 강도를 더해갔다. 가정 폭력은 세상 밖으로 쉬 드러나지 않지만, 당하는 사람에게는 정말 속수무책의 장애와 블랙홀을 안긴다. 내가 기억하는 엄마의 대표적 얼굴의 하나는 '치를 떠는' 표정이다. 아시겠는가? 치를 떤다는 말? 양 입술을 약간 앞으로 내밀고, 소름이 끼치는 듯, 고개를 좌우로 부르르 떤다. 그리고 내게 말한다. '니 머리를 깨서, 가

루를 만들어 마셔도, 내 분은 안 풀린다.'

그녀의 글은 숨을 멎게 한다. 삶에서 마주친 고난은 엄마가 딸을 적대감에 차서 바라보게 했고, 그녀는 손으로 자신이 아니라 어린 자녀를 찰싹찰싹 때렸다. '피' '참담' '증오' '눈물' '자살'이란 단어가 원고 전체에 걸쳐 가루처럼 흩뿌려져 있다. 그 가루들의 입자는 가볍지 않아서 마치 한번 폐에 들러붙으면 절대로 떨어지지 않고 호흡기를 훼손하는 것처럼 삶의 난관들로 작용한다. 어린이로 등장해 엄마의 임종을 지키는 나이가 되기까지 자신의 전 생애를 압축해놓은 이 에세이는 인간의 삶이 비록 사기와 강도와 강간과 살인이라는 극적인 사건들에 노출되지 않더라도 얼마나 훼손되거나 망가질 수 있는지 말해주고, 세상이 외면한 그 폭력과 아픔은 한 사람의 마음속에만 터전을 마련할 수밖에 없다는 것을 보여준다.

비밀은 글을 쓰게 한다. 그러므로 진짜 비밀은 없고, 입에서 입으로 전해진 비밀과 달리 글로 쓰인 비밀은 울음과 비탄을 마침내 정돈해서 담아내는 까닭에 희망을 향해 달린다. 수많은 사람이 오늘도 출판사로 원고를 보내온다. 그것들은 자신의 의도와 상관없이 아카이브로 축적되어 거대한 강물을 이룬다. 강물은 때로는 핏빛이다. 하지만 다른 물줄기와 섞이고 모여들면서 하나의 역사를 기록한다. 책으로 출판되기도 하고, 혹은 출판되지 못한 채 출판사 메일에만 흔적을 남긴다. 제 운명을 어느 이름 모를 편집자의 손에 내맡긴 채.

정신병원에서 보내온 노트

스프링 노트 두 권이 2020년 2월에 우편으로 도착했고, 어지러운 필체의 글씨들을 몇 쪽 읽다가 눈이 핑 도는 듯해 그만 내려놓았다. 석 달 뒤 같은 발신자로부터 또 한 권의 스프링 노트가 배송되어 왔다. 정신병원에 입원한 환자의 수기였다. 노트에는 제목이 적혀 있었다. 1권 〈이제는 행복하기를〉, 2권 〈이제는 영원하기를〉, 3권 〈나의 정신병원 이야기〉. 경상도 어느 지역 나이트클럽의 인기 있는 기타리스트였던 그는 손님들이 주는 술을 계속 받아먹다가 알코올중독에 걸렸다. 그는 기초 생활수급자로 국가에서 받은 돈으로도 술을 사 먹었다. 아내는 그런 그의 곁을 떠났고, 마흔에 가까운 아들과 그보다 몇 살 어린 딸은 이혼 후 만나지 못한 채 소식만 전해 듣는다. 그러던 어느 날 노모가 앓아눕고 자신보다 다섯 살 아래 동생도 중풍을 맞아, 그는 술을 끊기로 결심하고 정신병원에 입원했다. 입원은 여러 차례 되풀이되었던 듯, 이전에 머문 병원에 대한 이야기도 이따금 등장한다. 노트 표지에는 이렇게 적혀 있었다. "편집자와 인연을 맺고 싶습니다. 제 글이 점점 좋아지도록 노력하겠습니다."

10인실에 입원한 그는(이전에는 5인실에 있었다) 같은 병실 환자들이 눈에 초점도, 의욕도 없이 하루 종일 잠만 자는 것을 관찰한다. 그는 중증 환자들과 자기 자신을 끊임없이 구분 지으며 글쓰기를 통해 자기가 살아 있음을 확인한다(노트는 처음부터 끝까지 한 번에 쓴 것처럼 단 한 줄의 여백도 없이 빽빽하다).

> 나는 이곳에서 항상 긴장하며 생활하고 있다. 이곳은 정신병원이고, 그들에게 잘못 보이면 왜 그러냐는 말을 듣기 때문이다. 그런 그들은 언제 어떻게 돌변할지 모른다. 나는 병원 생활을 7년이나 하고 있기 때문에 이 모든 것을 잘 알 수 있다.

다른 병원에서 이곳으로 옮겨온 그는 병원 직원들에게 잘 보이기 위해 긴장의 끈을 놓지 않는다. 푸코와 어빙 고프먼 등이 지적했듯이, 정신병원은 권력 지배를 강화하기 위한 억압 수단으로 그 속에 갇힌 이들의 품행을 주시하기 때문이다.

> 병동 회의 때 병원장이 잘못을 저지른 환자들의 이름을

불렀다. 이 병동의 환자들이 다 같이 모인 자리에서. 고개를 푹 숙인 환자들은 아무 말도 못 하고 수치스러움에 얼굴이 붉어졌다. 원장은 정신적으로 온전치 못한 이들을 통제하고 규율을 바로잡는 역할을 해야 하는 게 맞지만, 때로 그런 행동은 도를 넘어선 것으로 보인다. 나는 그 환자들이 너무 안타깝다. 모두가 모인 곳에서 하지 않으면 안 되나. 그런 말을 듣고도 환자들은 입원을 하고 있어 나는 가슴이 너무 아프다. 원장은 환자들이 온순한 양이 되길 바란다. 가끔 우리가 그의 손안에 있다는 느낌을 받는다. 우리는 이 세상에 존재하면 안 되는 사람들 같다. 그런데도 이 병원의 병실들은 빈 곳 하나 없이 가득 차 있다. 왜 그런 수모를 당하면서까지 이곳에 입원을 하고 있는 것일까.

그는 병원장을 대단한 권위자로 우러러보면서도 병원장이 환자들을 비하하고 조롱해 그들이 열등감, 무력감, 죄책감에 젖게 만든다고 말한다.

나는 한 젊은 환자에게 자주 담배를 주고 있다. 그 환자의 부모가 병든 아들을 정신병원에 넣고 돈을 안 주기 때문이다. 나는 그 환자의 부모가 의심스럽다. 자식을 버린 것이나 마찬가지이기 때문이다. 이곳에는 그런 환자가 몇 명 있는데, 그들 모두가 부모에게서 버림을 받은 것이다. 그만큼 세상은 허망하다.

기관에 들어온 이들이 가장 깊은 단절을 겪는 것은 가족 관계에서다. 먹고사는 나날의 고무줄을 팽팽히 당기며 자식을 포기하지 않으려던 부모들은 어느 순간 그 줄을 놓아버린다. 그 끝에 달려 있던 생명은 튕겨 나가 어딘가에 툭 떨어진다. 그 곳은 인간 사회의 변방이다.

기초 수급자인 나는 매달 내 돈을 요양 병원에 갖다주어야 한다. 어머님과 동생도 기초 수급자인데 요양 병원에서는 병원비를 60만 원이나 더 받고 있기 때문이다. (…) 나는 그저 세상을 원망할 뿐이다. (…) 동생은 중풍을 두 번 맞아서 수족을 잘 쓰지 못한다. 그래서 엄마와 동생을 함께 요양 병원에 입원시켰다. (…) 나는 도전할 것이다. 그만큼 내게도 탁월함이 있기 때문이다. 이제 한 시간 후면 잠자는 약을 먹을 시간이다. 수면제를 먹지 않으면 잠을 못 잔다. 9년이란 세월 동안 그 약을 먹어야 했다. 그게 나에게 큰 병이 될 줄은 정말 몰랐다. 나는 평생 술집 무대 위에서 연주를 해왔는데, 그것이 그만 불면증의 원인이 되어버렸다.

불면증은 정신 질환을 앓는 이들이 병이 깊어지기 전 초기 단계에서 흔히 겪는 증상이다. 또한 가난과 질병과 불행은 한몸처럼 달려와 이마에 깊은 골을 새기고, 기를 꺾어놓는다.

그 환자들은 밥을 타기 위해서 줄을 서고 있다. 나는 그러지 않는다. 밥이 오면 밀치고 나가서 밥을 타면 되기 때문이다. 벌써 줄을 서고 있는 사람들은 정신병을 앓고 있는 환자들이 대부분이다. 순수 알코올중독 환자들은 미리 줄을 서지 않는다.

정신병원도 하나의 사회이므로 위계가 세워진다. 정신이 더 온전할수록 풀린 눈으로 허공을 응시하는 환자들보다 우월 의식을 느끼며, 그들과는 다르게 효율적(?)으로 움직인다.

지금 매점 직원이 물건들을 가지고 우리 병동에 와 있다. 환자들이 줄을 서서 물건을 구입한다. 매점을 운영하는 부장은 원장의 언니다. 외상값이 너무 많아서 퇴원을 못 하고 있는 환자도 몇몇 있는 것으로 알고 있다. (…) 부장은 정신이 올바르지 않은 환자들에게 물건을 판매한다.

엄청난 부자들이 종종 쪽방촌 비즈니스로 매달 가난한 이들의 돈을 착취해가듯이, 기초 수급자이자 자기방어권도 없는 정신병원 환자들은 주머니에서 돈이 새고 있는 좋은 먹잇감으로 비칠지 모른다.

그 자신의 말에 따르면 알코올중독으로 정신병원에 입원한 그는 7년간 병원을 나오지 못하고 있다. 그는 병원에 있는 사람들과 자신을 분리시키며 관찰자적 입장에서 병동의 온갖 일을 서술해나갔다. 특히 코로나19가 닥친 시기에 작성된 기록에서는 지구온난화와 세상의 종말에 대한 걱정이 끝없이 이어졌다. 인터넷으로 그가 입원해 있는 병원 이름을 검색해보니 그 병원에서 실제로 코로나19 확진자가 나왔다는 기사가 떴다.

책으로 펴내고 싶어 보내왔을 그의 노트들을 내 입장에서 진지하게 출간까지 고려하기는 힘들었다. 그렇지만 매일 들어오는 투고 원고들과는 달리 아직 거절 답변을 보내지 않고 문득 생각날 때마다 읽어나간다. 읽으면서 곧장 떠오른 사람은 독일 켐니츠 지방법원장을 지낸 다니엘 파울 슈레버였다. 그는 새로 부임한 곳에서 업무 중압감 등으로 불면증을 앓게 되고, 병원에서 처방을 받은 뒤에도 증상이 더욱 신경증적으로 악화돼 정신병원에 입원한다.『한 신경병자의 회상록』은 슈레버가 남긴 기록인데, 편집증을 가진 그는 초자연적인 것과 연결되고 환상적인 것들을 본다고 믿으면서 환자로서 치밀하게 자신의 병증을 써나간다(물론 자신의 증상을 병적인 것으로는 잘 인정하지 않은 채).

프로이트, 라캉, 들뢰즈가 주목했던 슈레버의 기록처럼 내가 손에 쥔 정신병원 환자의 수기도 어떤 가치를 지닐 수 있지 않을까. 하지만 정상인보다 이성의 빛이 훨씬 번쩍번쩍 빛나는 슈레버의 텍스트에는 범접하기 힘든 면모가 있다. 그는 최고의 지성인들을 매혹시킬 만한 정신력의 소유자였다. 그의 기록이 20세기 초 유산계급의 의식과 무의식, 사회와 정치, 역사적 상황들을 잘 보여주고 있다면, 내가 받은 환자의 원고는 21세기 무산계급의 의식과 무의식, 사회적·역사적 상황을 보여주고 있다. 특히 되풀이되는 언어 속에서 뭔가 연구할 만한 좋은 단서가 잡힐 것도 같으니, 폐허가 된 그의 삶에 끌려 들어가기를 두려워 말자고 스스로를 다독여보지만, 나는 아무것도 할 수 없는 처지다. 절박한 이들이 용기 내 입을 벌려 자신의 목소리를 들려줘도 세상은 그들의 외침이 들리지 않는다는 듯 귀 기울이지 않는다.

이 노트들을 읽은 뒤 3년 전 받은 어떤 분의 원고를 다시 들춰보기 시작했다. 내 책상 밑 상자에 담긴 수백 쪽에 달하는 종이 뭉치다. 만성 신부전증으로 일상생활이 불가능해진 그는 생의 마지막 치유를 위해 세상과의 인연을 끊고 산속으로 들어가기 전, 10년간 써온 원고를 나에게 보내왔다. 동봉된 편지의 마지막 문구는 "한 번 뵌 적도 없는 이 편집장님, 이제 작별의 인사를 드립니다"였다. 그와 통화한 기억이 내겐 없고 그의 이름조차 생소했지만, 편지 서두에는 "1년 전쯤 전화 통화에 잘 응대해주어" 원고를 보낸다고 적혀 있었다. 그는 노자의 『도덕경』을 한 자 한 자 읽으면서 자기만의 해석을 방대하게 덧붙였다.

제 해석이 특별하거나 신비한 것은 결코 아닙니다. 제 해석은 지극히 평범하고 상식적인 우리 일상의 삶 속에서 생겨나는 인간의 의식 구조와 그 작용에 관한 것입니다. 제가 이해한 노자 『도덕경』의 내용은 참으로 뛰어난 정신분석학이요 심리학이자 존재론입니다. 몇 가지 원고가 더 있었지만 건강이 허락지 않아 그동안 모아둔 자료를 모두 정리해 버렸습니다. 그러나 『도덕경』 해석은 그냥 버리기에는 너무나 아쉬움이 크기에 이렇게 보내드립니다. 이 글을 처리하실 모든 재량을 편집장님께 드립니다.

나는 불교와 인도철학 등을 섭렵한 듯 보이는 그 원고의 새로운 해석을 읽어낼 능력이 부족했고, 외부 전문가에게 검토를 요청하기에는 저자의 존재가 너무나 묘연했다. 아는 것이라곤 그의 이름 석 자뿐이었기 때문이다. 그 외에도 어떤 분께서 세상과 하직하기 전 원고를 보내온 적이 있는데, 유언처럼 도착하는 그런 글들을 편집자로서 진지하게 검토하지 못해 언젠가 부메랑이 되어 돌아오지 않을까 하는 겁도 난다.

　　편집자는 얼굴 없는 존재로 판권면에 자기 이름 석 자를 올릴 뿐이지만, 세상 끝에 내몰린 이들은 그 이름을 놓치지 않고 자기 구원의 밧줄처럼 여긴다. 이들을 어떤 방식으로 대해야 할지, 정신병원 바깥 혹은 산중 바깥의 우리는 배워본 적이 없다. 미셸 푸코의 『광기의 역사』, 어빙 고프먼의 『수용소』를 읽어왔으나 연구와 현실은 다르다. 연구 사례로만 접해온 이들을 현실에서 만나니 방향을 잡기 어렵다. 그들은 특히 마지막 순간에 세상에 '진리' 비슷한 것을 말하려 하거나, 자신의 전부를 전해주려 한다. 종교의 영역이 아니고서야 '진리'나 전적인 투신 같은 것에 익숙지 않은 편집자는 침상에서 흘러나오는 말들을 (그들 입장에서 봤을 때) 흘려버린다. 그들도 알고 있듯이, '그게 세상의 현실'인 것이다.

밀
도
의　아
름
다
움

　　빽빽한 삶의 밀도에서 한발 떨어져 나오고 싶을 때 엄마를 만나거나 친구 J를 만나 '한숨 돌린다'. 그들과 함께할 때 쓰는 언어는 평소와 다르다. 성긴 말들로 신념이나 의무를 묽게 희석시키며 다른 세계로 들어간다. 하지만 이것은 예외적인 삶이고, 거의 매일 잡목 하나 들어서지 못할 만큼 빽빽한 저자들의 숲속에 서 있는 것이 편집자의 삶이다. 침엽수림 같은 그곳의 밀도는 대단히 높아서 '아름다움' 그 자체라 할 만하다.

　　2020년 4월, 5월, 6월은 저자 김영민, 탕누어, 옌롄커의 원고를 읽으며 보냈다. 두 사람씩 서로 겹쳐 편집을 마무리할 때쯤 앞쪽에 집중하던 시간은 자연스레 뒤쪽 저자에게로 옮겨갔다. 글쓰기가 삶의 여러 풍경들로 가볍게 옮겨 다니기보다

줄기를 만들어 그것을 단단히 뿌리내리게 하는 수직적 깊이를 가진 이들의 원고가 발하는 빛은, 이성이 잠드는 밤 시간에도 꺼질 줄 모르고 '효율성'이 지배하는 대낮에도 각성 효과를 지닌다. 따라서 이들 원고를 읽는 동안 생활 세계의 편집자(독자)는 '돈벌이'에 신경 쓴다거나, 밤 시간 휴식의 안락함을 주는 침대 위로 쉽게 올라가지 못한다.

개인에 따라 천차만별이겠지만, 다수의 편집자는 일상에서 글을 이따금씩만 쓴다. 자기 생각 속으로 들어가 하나의 세계를 구축하는 것은 정말로 쉽지 않은 일이기 때문이다. 김영민은 '글을 쓰지 않는' 이런 부류가 사는 세상을 '천국'으로 묘사하며, 자기로서는 그런 천국에 입국할 생각이 전혀 없다고 말했다.

아마도 글을 쓰지 않는 세상이 천국일 것이다. 나로서는 어느 천국이든 다시 글쓰기의 고뇌를 안고 입국할 엄두는 내지 못한다. 사실 글쓰기는 무지이고, 유희이며, 그리고 연옥 속의 자기 수행이다. 몰라서 혹은 모르는 채로 쓰게 되고, 쓰다 보면 어느 순간 즐김의 층위가 스스로 깊이를 더해가며, 마침내 그 깊이는 성숙의 지경을 낳게 되는 법이다. [18]

천국보다 연옥이 낫다는 것을 그의 글을 편집하면서 머릿속에 새겼다. 천국 바깥, 아니 어쩌면 지옥에 사는 것으로 치면 옌롄커만 한 작가도 드물 것이다. 그가 굶주렸던 어린 시절을 거쳐 칼 같은 이념 속에서 살아온 중국인이란 특수한 배경 때문인 탓이 크다. 하지만 오늘날 중국에는 오히려 '밝은' 대낮 속에서 살아가는 사람이 훨씬 많다. 현대의 중국인들은 반우파 투쟁과 대기근, 문화대혁명, 톈안먼 사태를 잊어가고 있다. 그들은 제거된 역사의 밝은 햇볕 아래를 분주하게 돌아다닌다. 작가들도 "기억의 부스러기들을 주워 상처 하나 없이 우아하기만 한"[19] 글들로 사람들의 존경과 갈채를 얻어낸다. 물론 한쪽에는 옌롄커처럼 어두운 사람도 있다. 그는 어려서부터 무력한 부모가 겪었던 시련을 지켜보며 밝음 속에서도 어둠을 찾아내는 재능을 길렀다. 어둠은 색깔이 아니라 삶 자체다. 그는 동굴이나 지하로부터 들려오는 목소리처럼 글쓰기를 저음으로 확산시킨다. 옌롄커는 희희낙락하는 동시대 작가들이 더 이상 과거 제갈량의 '목우유마木牛流馬'처럼 혁신적인 성과를 내지 못할 것이라고 지적한다. 검은색이 지배하는 세계의 충족감을 햇볕 아래 있는 이들은 잘 모를 것이라면서……. 그렇다고 옌롄커에게 햇볕에 대한 경험이 없는 것은 아니다. 작가의 삶을 살기 전 그도 직업군인으로서 출세의 길을 걸었던 적이 있다. 하지만 어떤 불가항력이 그를 작가의 길로 떠밀었고, 군인 시절 목도한 권력의 흉물스러움과 그에 빌붙어 굽신거리며 사는 사람들의 삶은 오래도록 글쓰기의 자양분이 되었다. 그러다 그는 이내 깨달았다.

나는 줄곧 나의 글쓰기가 뭔가를 쓰고 있는 상태가 아니라 쓰지 못하는 상태에 놓여 있다는 것을 느꼈다. 줄곧 뭔가를 생략하고 뭔가를 회피하고 있었다.[20]

그는 중국 정부가 매번 자신의 책을 금서로 지정하자 "유년의 아이가 겁에 질려 외롭고 조심스럽게 길을 가면서 발밑에 뱀이 있지나 않을까, 하늘에 매가 있지나 않을까, 갑자기 길 위에 늑대나 개, 혹은 방어하기 어려운 또 다른 들짐승이 나타나지 않을까 걱정하는 것"[21]처럼 생략과 회피의 글쓰기를 지속해왔다. 이제 노년에 들어선 그는 젊은 시절 쓴 몇몇 소설은 가치가 별로 없다고 솔직하게 인정하면서 대낮의 세계로부터 빠져나올 것을 다른 작가와 독자들에게 요구하고 있다.

옌롄커의 글을 편집하면서 시종 짙은 암흑의 세계로 끌려들어갔던 나는 틈을 내어 일본 신간 한 권을 검토했다. 우에키 노부타카植木宣隆, 1951~의 『모든 것은 생각하는 것에서 시작된다思うことから、すべては始まる』(2020)라는 책이다. 저자는 일본에서 수많은 베스트셀러를 만들어낸 출판사 대표다. 그는 한계의식을 벗어나면 베스트셀러 제조기가 될 수 있다는 메시지를 전했다. 그가 말하는 베스트셀러는 최소 50만 부 이상 팔린 책이다. '어떻게 하면 베스트셀러를 만들 수 있습니까'라는 질문에 그는 심플하게 답한다. "내고 싶다는 생각을 누구보다 강하게 오래 지속하면 낼 수 있습니다. 책이라는 것은 편집자의 상념이 물질화되는 현상입니다. 그 상념을 최대한으로 끌어올리기 위해서는 강한 생각을 견지해야 합니다. 책뿐만 아니라 히트를 치는 과자나 가전제품도 마찬가지입니다. 강한 생각이 모든 것을 만듭니다."[22] 이런 달콤한 말에 미혹되어 '나도 그런 히트 제조기가 되고 싶다'는 생각을 잠시 하기도 했다.

하지만 곧 탕누어의 문장이 나를 가로막았다. 그는 부의 세계에서는 어떤 몹쓸 역사적 사유와 글쓰기 방식이 답습되고 있다고 비판했다. 즉 "성공한 자에게 성공의 이유를 찾아주고 실패한 자에게 실패의 이유를 찾아주는"[23] 글쓰기다. 그는 이런 글쓰기는 역사의 기회주의적 면모일 뿐이라고 지적했다. 이는 우에키 노부타카의 말들이 갖고 있는 함정을 여실히 드러낸다. 우에키는 성공한 출판사의 대표다. 성공한 사람이기 때문에 마음만 먹으면 성공한 이유를 찾는 것은 그리 어려운 일이 아닐 것이다.

우에키의 글은 내가 한때 베스트셀러를 꿈꾸며 열심히 편집했던 중국 저자 뤄전위의 말을 생각나게도 했다. 뤄전위는 독서가 현대사회에서 가장 강한 생존 무기가 될 수 있다고 말하는 지식인이지만, 한편으로 어떻게 독서로 성공할 것인가에 초점을 맞춘다. 중국에서 유명한 지식 플랫폼인 뤄지쓰웨이의 창업자로서 부와 권위를 지닌 그는 '현대사회에서 어떻게 더 나은 자신이 되고 어떻게 인지 수준을 업그레이드할 것인가'라는 도전 과제를 던지면서 "더 현명하고 더 높은 곳에 서려면 경제학 서적을 읽고 경제학적 사고방식을 받아들여야 하며, 그래야 직관으로 점철된 일상의 틀에서 벗어나 다른 차원의 세상을 볼 수 있다"라고 말했다. 이어서 그는 "대가를 인정하고, 경중을 비교하되, 시비를 따지지 말고, 우열을 겨루"[24]는 것이 유일한 생존 전략이라고 강조했다. 이런 생각은 사유와 겨루면서 손익 계산에도 능숙해야 하는 편집자에게 필요한 말이긴 하지만, 인문 편집자가 자기 숲에 빽빽이 심어 가꾸고 싶은 저자는 이런 부류가 아니다.•

명예는 (부나 권력과 달리) 홀로 당위의 세계를 탐색하고 당위의 세계에 대한 우리의 필요한 사색 및 그 가능한 수량, 폭, 범주, 내용과 연관되면서 또 그것들을 상당한 정도로 결정한다. 나는 우리가 눈앞의 실제 세계만을 가져서는 안 된다고 믿는다. 그것은 사실상 100만 년간 기나긴 밤이었던 생물적인 세계로 환원되는 것이나 다름없어서 사람들이 진정으로 그것을 원할 리는 없다. [25]

나는 위의 글을 쓴 탕누어를 2019년 10월 타이베이 거리의 한 카페에서 만났다. 그에게 한 가지 고민을 털어놓았다. 생존과 돈에 골몰하는 사람들 사이에는 '책 속에만 빠진 삶은 진짜 삶이 아니지 않은가'라며 독서인들을 폄하하는 분위기가 있다고. 그 후 탕누어는 몇 시간 동안 이어진 대화에서 책 읽는 이들을 옹호해줬다. 그들이 세상의 외면을 받거나 길을 잃지 않도록.

나는 스물한 살 때 하루에 8~12시간 책을 읽었고 그 후로도 대체로 그런 생활을 유지하고 있다. 그때 사람들이 '너의 생활은 일반적인 사회 활동이 아니다'라는 말을 했다. 하지만 글쓰기와 책 읽기도 '경험'이며, 이것이 인식할 수 있는

● 그레이엄 그린은 두 가지 종류의 소설을 썼다고 한다. 첫째, 자기 생각 그대로의 소설. 둘째, 돈 벌기 위한 소설. 편집자들도 이런 이분법에 따라 종종 두 종류의 책을 동시에 만든다.

세계는 '먹고사는 문제에서의 경험'보다 훨씬 거대하고 심대하다. 오히려 양육이나 생활상의 문제들이 훨씬 더 간단하다고 할 수 있다. 일부 사람은 '그게 삶이냐'고 되묻는다. 하지만 어떤 도시에 가서 살든, 그곳이 얼마나 크든 관계없이 석 달 안에 그 도시의 대부분의 것을 경험할 수 있다. 이후에는 그 석 달 치의 경험이 계속 반복된다. 그런 게 과연 인생일까? 그런 반복이? 오히려 책에서는 시공을 초월해 이런 반복을 피할 수 있다. 하루키 소설을 읽으면 도쿄를 내 눈앞에 그릴 수 있다. 폭넓고 광대한 삶과 코앞의 일에만 시선을 두는 삶은 얼마나 큰 차이가 나겠는가. 책은 자기 자신과 현실을 멀리서 바라볼 수 있는 시각을 제공한다. 즉 책 읽는 이는 이해관계, 목적성에 갇히지 않고 거리감을 가지며 객관성을 확보할 수 있다.

그는 게임에만 매달리거나 텔레비전 앞에서 드라마만 보는 사람들도 어쩌면 책 읽는 이들의 삶을 꿈꾸고 있을지 모른다고 말했다. 다만 피곤해서 집중하지 않아도 되는 영상을 보는 것이며, 편안하니까 습관처럼 게임을 한다는 것이다.

탕누어, 김영민, 옌롄커의 원고가 지닌 촘촘한 밀도 속에서 몇 달을 보내는 와중에 상수동의 '틈'이라는 음식점에 세 번 갔다. 2월, 4월, 6월에. 각각 평론가 J와 저자 박성원, 김정욱을 만났다. J를 만났을 때 그는 내가 기획해서 출간한 몇몇 책에 대해 애정 어린 비판적 견해를 펼쳤다. 그가 들려준 기준은 충분히 정당했고 수긍할 만한 것이라 새겨들었다. 박성원 선생은 내가 매출 목표와 연봉 협상 때문에 허우적대며 출판의 좌표와 방향을 고민할 때, '미래는 어떤 이들이 만드는가'에 대해 몇 시간에 걸쳐 귀중한 통찰을 나눠주었다. 그는 과거 기자 시절 가시적 성과에 매달렸던 조직이 그 기준에 못 미치는 이들을 가지치기하고, 기준을 충실히 따르는 이들 위주로 나아갔을 때 실패한 경험들을 통계와 자료로 설명해주었다. 김정욱 선생은 글쓰기로 군대 생활을 지탱해나가면서 그의 프리즘으로 바라본 군대의 면면을 이야기해주었고, 이는 그의 다음 글쓰기 행보를 기대하게 만들었다.

그들은 그 식당에서 늦겨울, 초봄, 초여름에 각자 자신의 서사를 완성하면서 내가 알지 못하는 다른 세계를 보여주었고, 그런 서사들은 짙은 농도로 내 기억의 저장고에 채워졌다.

편집자는 마음만 먹으면 언제든 이런 시간을 유용하게 쓸 수 있다. 저자들은 혼자 글 쓰면서 든 생각들을 편집자에게 단 몇 시간 안에 응축해서 펼쳐낸다. 이야기들은 딱딱하지 않아 부드럽게 흡수되고, 내용 또한 돈과 권력의 세계에서 벗어나 있어 정의감도 있다. 세상이 흘러가는 방향과 달리 작은 길을 내는 이들의 목소리는 다정하다. 책을 쓰거나 읽거나 만드는 이들은 이처럼 부의 세계에서 한발 떨어져 나와 자신들만의 빽빽한 밀림을 만들어간다. 그 밀도가 일상을 구성할 때 편집자(독자)는 비스와바 쉼보르스카가 말한 '이 땅 위에서의 저렴한 삶'에서 빠져나올 수 있을 것이다.

편집자의 밤과 낮

내가 태양이 아니라는 것을 이해하기만 하면,
한 발짝 물러나 햇빛이 모든 사람과 만물을
비추도록 할 수 있다는 것. 그래서 생명의 빛으로
만물을 무르익게 할 수 있다는 것.

살면서 이대로 죽을지도 모른다는 예감이 세 번 들었는데, 모두 하나도 익숙하지 않은 자연 속에서였다. 한번은 바다, 한번은 중앙아시아의 초원, 나머지 한번은 산속에서다. 나의 죽음에 대해 구체적으로 상상해보진 않았지만, 바다에 빠졌을 때는 바닥이 있는 곳에서 죽고 싶다고 생각했다. 초원에서 위기를 맞았을 때는 천장이 있는 곳에서 죽고 싶다고 생각했다. 마지막으로 산속에서 길을 잃어 위험에 처했을 때는 아무 말도 통하지 않는 자연 한가운데서가 아니라, 사람들에게 아프다 말하고 살려달라고 매달려도 볼 수 있는 내 방이나 병원에서 죽고 싶다는 생각을 했다.

2010년에 나는 죽을 뻔했다. 옛길을 조선시대 선비들의 삶의 흔적을 따라 답사하며 글로 썼던 H 선생은 "사흘 동안 충청도와 영남 지방으로 답사를 갑시다. 편집하는 데 알아야 할 공간들이 있어 같이 가는 것이 좋겠습니다"라고 말했다. 편집을 하기 위해 가끔 책 밖으로 나와 답사를 떠나기도 한다. 당연히 최근 지도를 지참하고 떠났지만 조선시대 선비가 다녔던 사료에 나온 길은 현재 지도와는 전혀 다른 행로였다. 어느 지점에 이르자 우리는 지도를 무시하고 옛 문헌에 적힌 길을 찾아보기로 했다.

몇 개의 봉우리가 이어지는 커다란 산맥에서 겁 없던 연구자와 나는 결국 길을 잃었고, 어둠이 완전히 깔리자 위기의식을 느껴 높은 비탈을 미끄러져 내려왔다. 그러고는 호수 건너편의 주민에게 손짓으로 구조해달라고 요청했다. 수백 년 전 책 속의 공간을 찾으려던 모험은 원고의 탄생으로 이어지지 못했고 지금은 길을 잃었던 그때의 두려움만 남아 있다. 여하튼 편집자는 한 권의 책을 편집하기 위해 책 밖으로 종종 나온다. 마찬가지 이유로 2주간 유럽을 답사해 책에 실릴 공간을 머릿속에 담아온 적도 있고, 책을 펴낸 뒤 관련 공간을 찾아 뒤늦게 텍스트를 완벽히 이해한 적도 있다.

2007년 편집자 일을 시작한 나는 누구도 잘 하지 않는 방식으로 각 지방을 여행했고, 남들이 잘 사지 않는 도록들을 사곤 했다. 가로 60센티미터의 책장 한 칸을 채우는 데 100만 원을 웃도는 비용이 들었고, 실내로만 다니다가 정작 그 지방의 바깥 풍경은 보지 못한 채 돌아온 적도 많다. 몇몇 친구는 이해할 수 없다는 표정으로 이런 여행 방식을 타박했다.

"안동까지 내려가서 고작 다녀온 데가 박물관이야?" "박물관에는 대부분 지배 계층의 유물들이 전시돼 있잖아. 오히려 전통 시장에 가서 지금 사람들이 어떻게 사는지 관찰하는 게 진짜 여행 아니겠어?"

유물로 편집된 세상을 주로 보는 여행 방식은 '교과서 들여다보기' 같은 것이기도 해서 누군가에게는 답답증을 불러일으키고, 누군가에게는 바깥세상을 외면하는 듯한 폭 좁은 시각으로 비치기도 한다. 하지만 10여 년간 이렇게 살아오면서 미천한 편집 실력이 조금씩 늘어왔다. 60센티미터짜리 한 칸을 채우던 도록들은 지금 마흔 칸 정도로 늘어나 있다. 책 한 권 편집하는 데는 몇 개월의 시간이 걸릴 뿐이지만, 기획서 한 장을 쓰거나 도판 몇 장을 편집하는 데는 수년 동안의 워밍업 기간이 필요할 때도 있다. 편집자는 한 권의 책을 펴내기 위해 독자들은 모르게, 그리고 저자도 눈치채지 못할 방식으로 자기 삶의 방식까지 바꿀 생각도 한다.●

2009년에 1권을 낸 뒤 2019년 14권까지 출간한 규장각 교양총서에 한때 내 모든 편집 공력을 쏟아부었다. 박물관 전시와 달리 평면 이미지가 실리는 책이고 저자가 도판의 상당 부분을 지정해주어, 서류를 작성해 소장처에 유물 이미지 복제

● 돈을 쓸 때 책과 관련된 것을 일순위에 두고, 지식인만 주로 만나다가 글을 모르는 이들과 더 잘 어울리는 방법을 알게 되고, 어느 날은 원고에 나오는 노숙인들의 생활상을 직접 보고 싶어 서울역 주변을 배회한 적도 있다.

를 신청하는 선에서 그쳐도 충분했다. 그럼에도 불구하고 나는 전시된 유물들을 직접 관람하거나 그 유물이 실린 도록을 보지 않으면 머릿속에 책의 꼴을 잘 그릴 수 없었다. 어떤 면에서는 융통성 없는 성격인데, 여하튼 똑같은 '책가도冊架圖'라도 혹은 똑같은 『논어』라도 다른 판본들과 비교해본 뒤 가장 어울리거나 많이 활용되지(공개되지) 않은 것들을 넣어야 한다는 생각에 전국에 있는 박물관을 찾아다니기 시작했다. 가는 곳마다 도록을 구입했고, 절판된 도록은 인터넷 중고 서점과 헌책방을 뒤져 차곡차곡 쌓아갔다.•

이 모든 시간과 자원이 책에 고스란히 반영될 리는 없고, 독자가 알아주지도 않는다. 편집은 배치와 재배치, 수정과 재수정의 과정이며, 편집자는 원본을 창조하는 저자와는 독창성 면에서 수백 킬로미터쯤 떨어진 작업을 하는 사람이다. 그렇지만 편집자가 공들여야 하는 것은 그 보이지 않는 수백 수천의 시간이며, 결국 지난 세월을 돌아봤을 때 남는 것도 뒤에 버려진, 길에 뿌려진, 못 보여준 것 속에 간직된 시간들이다.

이처럼 책 밖을 돌아다니는 경험들도 계속 축적되지만 사실은 드문 일이고, 대체로 편집자는 신간을 작업하기 전 책에 파묻혀 편집 준비운동을 한다. 가령 사학자 김범 선생이 번

읽는 직업

• 실물을 보지 못한 채 인터넷 중고 서점에서 구입한 도록들은 정가의 몇 배나 되는 돈을 치르고 샀음에도 벌레가 먹거나 빗물로 쭈글쭈글해져 있었고, 발행일이 오래되어 사진이 모두 흑백이라 가치가 없기도 했다.

역 중인 브루스 커밍스의『한국전쟁의 기원The Origins of the Korean War』(1981)을 작업하기 전 다른 출판사에서 발간된『브루스 커밍스의 한국전쟁』을 미리 읽어두는 식이다.

가장 총체적이라 몰입도가 높고 삶을 한 방향으로 몰고 가며, 그것을 알기 전의 삶으로 돌아갈 수 없을 만큼 강력하게 나를 변화시키는 원고는 단연 유명 작가에 관한 2차 텍스트다. 왜냐하면 단 한 권의 2차 연구서를 위해 원전과 관련된 모든 것을 섭렵하는 작업이 시작되기 때문이다. 셰익스피어의 400주기였던 2016년, 제임스 샤피로의『셰익스피어를 둘러싼 모험』을 편집하는 동안 내 생활은 극도로 통제되어 있었다. 프로이트와 헨리 제임스, 마크 트웨인, 헬렌 켈러 등 수많은 저명 작가가 셰익스피어 작품 원작자설 논쟁에 휘말려든 과정을 추적하는 이 책은 셰익스피어 텍스트 분석서가 아닌데도 나로 하여금 셰익스피어를 섭렵하도록 자극했고, 나는 당시 대부분의 시간을 거기에 바쳤다. 모든 생활은 '셰익스피어'라는 이름 아래서 철저히 단색조로 흘러갔다. 먼저 희곡을 읽었다. 주로 세계문학전집에 포함된 각 출판사의 비극 번역본을 읽다가 주말이면 400주기에 맞춰 준비된 공연들을 보러 갔다. 그 생활은 전해인 2015년 가을부터 시작됐는데, 책 편집에 가장 큰 영감을 준 작품은 베를린 앙상블의 국내 공연 〈셰익스피어 소네트〉였다. 이 작품의 모든 미장센과 해석과 연기가 그대로 눈과 귀와 마음을 압도했으며, 나는 공연 스틸 컷을 표지 이미지로 사용하려고 독일 극단에 수차례 연락을 하기도 했다(끝내 답신을 받지 못했다). 희곡 읽기와 공연 보기는 2016년 상반기 내내 이어졌고,

공연이 없는 주말에는 셰익스피어 작품을 각색한 영화들을 관람했다. 이 또한 극도의 몰입이지만 텍스트가 아닌 다른 매체로 분산시킨 사례인 까닭에 조금 더 소프트한 버전이라 할 수 있다.

　　　편집자가 편집과 관련하여 시간을 쏟는 전형적인 방식은 오로지 텍스트에만 집중하는 것이다. 가령 하워드 아일런드와 마이클 제닝스가 쓴『발터 벤야민 평전』을 편집할 당시, 나는 읽지 않은 벤야민의 저서가 많았다. 우선 그 책들부터 사들였다. 다른 연구서도 그렇지만 특히 번역 비평이 많이 이뤄지는 게 벤야민의 책들이다. 1990년대에 출판된 민음사판 번역서들이 집에 있었지만, 다시 도서출판 길에서 나온 판본들을 구입했고 그 외의 출판사들에서 나온 것들도 하나씩 갖췄다. 하지만 만나는 학자마다 번역에 대한 의견은 제각각이었다.

　　　서울의 한 카페에서 만난 학자 A: B 학자의 번역본이 가장 널리 읽힌다고요? 오역은 둘째치고 무슨 말인지 모르겠던데요.

　　　파주의 한 식당에서 함께 식사한 학자 B: A의 번역 용어들은 임의적이고 학계에서 전혀 통용되지 않습니다.

　　　전화 통화를 하던 학자 C: D는 같이 공부하는 연구자인데, 그의 번역이 믿을 만하지요.

　　　메일로 다시 말을 건 학자 A: D의 번역이 왜 괜찮다는 건지 도무지 이해하기 힘듭니다.

나와 같은 비전문가는 불안한 마음에 이런저런 텍스트를 찾아보고 비교하며, 번역 용어를 확정할 때도 기존 번역서들을 참고해 편집 준비를 하기 마련이다. 가령 flâneur를 어떻게 옮길 것인가에 대해 역자와 여러 번 논의를 거쳤다. 그때까지 시중에 번역되어 나온 벤야민 번역서와 연구서 들은 주로 '산책자'라고 옮겼다. 하지만 우리 역자가 처음에 제안해온 용어는 '배회자'였다. 19세기 파리 등 유럽의 대도시에서 길거리를 배회하던 유한계급 남성을 가리키는 flâneur를 '산책자'로 옮기면 그 뜻이 드러나지 않는다는 게 이유였다. 역자의 해명은 다음과 같았다.

> flâneur를 '산책자'로 옮기는 일은 벤야민의 친구 프란츠 헤셀Franz Hessel, 1880~1941의 『Spazieren in Berlin』(1929)을 '베를린 산책'으로 옮길 때나 벤야민이 주목했던 스위스 작가 로베르트 발저의 『Der Spaziergang』(1917)을 '산책길'로 옮길 때와는 비교할 수 없는 과감함이 필요하다.

몇몇 전공자의 의견을 들어봤지만 학문적 견해 차에서 오는 간극은 쉽게 좁혀지지 않았고, 번역서 역시 기존 연구를 발전시키는 맥락에서 이뤄지는 것이므로 이미 확립된 용어라고 해서 정당성을 얻는 것은 아니었다. 다만 이 경우 편집자는 기존 관행을 거스르는 시도를 하기 힘들 때가 많다(연구자가 아니므로 연구 결과보다는 때로 대중과 학자 사이의 긴장 관계에 더 신경을 쓰기 때문이다). 여하튼 미리 여러 번역본을 찾아본 노력은

별로 도움이 안 됐고, 최종 용어는 음역을 한 '플라뇌르'로 결정
됐다.

　　벤야민 읽기로 이끌었던 아일런드와 제닝스의 책이 마
무리되자 다른 책들이 수없이 등장해 나를 다시 이질적인 독서
의 세계로 잡아당기며 준비운동을 하도록 했다. 마사 누스바움
의 책을 편집할 때는 존 롤스를 읽었고(누스바움은 애덤 스미스를
단 두 번 언급하지만 나는 롤스를 읽으면서 애덤 스미스까지 읽을 수
밖에 없었다), 메리 비어드의 『고전에 맞서며』를 편집하면서는
기존에 읽어왔던 그리스 로마 고전 연구서들에 대한 나의 잘못
된 독해 방식을 조금씩 수정하면서 방향을 잡아나갔다. 이렇게
눈앞의 목표가 바뀜에 따라 독서의 방향은 지그재그로 나아가
며 편집자를 단련시킨다.

　　출판계에서 곧잘 신입 편집자보다 경력 편집자를 선호
하는 이유는 아마도 이처럼 무겁게 축적해온 세월을 믿기 때문
일 것이다. 이렇게 한 권의 책을 만들던 편집자는 자기만의 책
지도를 갖게 되며, 그것은 지금 이 책에서처럼 글 여기저기에
인용된다. 더 많이 읽는 편집자일수록 더 훌륭한 독자가 되거
나 작가가 될 수도 있는 이유다.

읽는
직업

팩트체커들의 세상

1944년생 62학번, 기계공학과 졸업, 컴퓨터 프로그래머 경력, 수준급의 영어와 중국어 실력. 우리 출판사 팩트체커의 이력이다. 역사적 사실이 중요한 책은 인쇄 2~3주 전 그가 첫 페이지부터 마지막 페이지까지 모든 사실관계를 점검한다. 논조는 상관하지 않는다, 저자의 몫이므로. 문체도 괘념치 않는다, 미학은 그의 영역이 아니므로. 정치적 입장은 있지만 함구한다, 세대 차가 많이 나는 편집자나 저자와 부딪칠 수 있으므로. 그가 애오라지 집중하는 일은 오류를 잡아내는 것이다.

작업은 어떤 식으로 이뤄질까. 규장각 교양총서, 왕실문화 기획총서 등의 마지막 교정 과정에서 우선 모든 역사적 사실과 인명, 지명, 숫자 등을 재검토한다. 근거는 『선원세계璿源

世系』,˙『조선왕조실록』,˙˙ 한국역대인물 종합정보시스템, 국립국
어원 등 인터넷 데이터베이스에 두지만, 이중 점검이 기본이다.
실록은 국사편찬위원회 사이트에서 제공되는 한자 원문과 한
글 번역본, 영인본을 대조해 잘못 입력된 한자와 숫자는 별도의
노트에 정오표를 작성해둔다. 인물 정보는 지방지와 실기實記,
자전自傳 등을 확보해 교차 점검한 뒤 확정본을 만든다.

　　　왕명으로 지위를 얻은 옛 사관들은 엄정한 조직하에서
오늘날의 공무원들보다 훨씬 완벽했을 것 같지만, 알 수 없는
이유에서(점심 반주를 한 뒤 업무를 본 것일까 아니면 딴생각을 하느
라 집중력이 흐트러졌을까) 종종 실수를 저질렀다. 실록 원본에
도 한자 오류가 많을 뿐 아니라 현재 인터넷 데이터베이스에도
오류는 수두룩하다(하지만 연구자와 편집자들은 이들 자료가 정확
할 거라는 가정하에 자료를 인용한다). 간단한 예를 한두 가지 살
펴보자.

　　　세종의 일곱째 서자 익현군 이곤李璭의 '곤璭'은 '금옥 광
낼 곤'으로 옥편과『세종실록』초반부,『전주이씨세보』에 모두
이렇게 표기되어 있다. 그러던 어느 날 사관이 곤을 '관'으로 읽

●　　조선시대 왕실의 세보世譜.『조선왕조실록』에 잘못 표기된 일부 사항이 여기에는 제
대로 표기되어 있어 기준으로 삼기 좋다.

●●　　1968년부터 세종대왕기념사업회가, 1972년부터는 민족문화추진회가 국역 사업을
시작해 1993년에 완성했다. 이후 1995년 서울시스템(솔트웍스로 개칭) 한국학데이터베이
스연구소가 전질을 전산화해 시디롬으로 제작 보급했으나, 지금은 국사편찬위원회에서
데이터베이스를 제공하고 있다.

거나 '운'으로 잘못 읽고 표기하기 시작한다. 『조선왕조실록』 세종 19년(1437) 12월 8일 자에서는 '운瓗'이라 적고, 세종 27년 (1445) 7월 9일 자에서는 '관瓗'이라 기록했다. 이후 운·관은 수차례 반복해서 오기되며 오히려 '곤'이라고 읽은 것이 드문 형편이 되고 말았다.

조선 중기의 문신 이수광李睟光도 대표적으로 잘못 표기된 사례다. 이수광의 '수睟'자는 '눈 목目' 변이 맞는데, 명종 대 실록 편수관이 '날 일日' 변으로 잘못 썼다. 선조 24년(1591)에는 바로잡혔으나 선조 26년(1593) 1월 16일 자부터 잘못된 기록은 그해 3월 10일에 가서야 고쳐진다. 그러다가 4월 28일 자에 오기가 다시 등장하는데, 이처럼 들쭉날쭉한 표기는 이후 다른 왕의 집권 시기에도 반복된다.

다른 예를 보자. 조선 국왕의 행위를 기록할 때는 일반 백성의 행위(동사)와 같은 한자를 쓰지 않는다. 왕의 나들이를 '거동'이라 읽지 않고 '거둥擧動'이라 표기하는 게 대표적이다. '행行' 역시 왕의 경우 '행幸'으로 표기한다. 『정조실록』에서 정조의 능행을 서술할 때 정조 1년(1777)에는 '능행陵幸'이라 제대로 적었다. 그러다가 정조 2년 3월 15일 자에 '行'으로 오기되었으며, 이후 8월 3일 자와 9월 5일 자에도 잘못된 한자가 등장한다. 정조의 원행園幸을 기록할 때도 '行'의 오기는 되풀이된다. 조선시대 사관들이 기록의 독립성을 보장받았다고 해서 그들의 정확성이 담보된 것은 아니므로 후대의 연구자와 편집자들이 검토하여 바로잡아야 한다. 팩트체커는 이러한 사례들을 자기 노트에 따로 정리해 표로 만들어둠으로써 선대의 잘못을 답습하지 않도록 주의를 기울인다.

최근 편집한 책에서는 전남 대흥사 고승인 범해 각안의 『동사열전』이 인용되었다. 하지만 이 자료 역시 당대의 저자가 연대를 착각하는 바람에 팩트체커가 원전의 오류를 바로잡았다.

천책의 복귀 시점이 정확히 언제였는지는 알 수 없다. 범해 각안이 쓴 『동사열전東師列傳』 중에 「진정국사전眞靜國師傳」이 있는데 그 내용을 여기서 소개한다. (…) '원나라 순제順帝 지원至元 30년, 계사 11월에 『선문보장록禪門寶藏錄』 3권을 지었다元順帝至元三十年癸巳十一月, 撰禪門寶藏錄三卷.'[26]

중국 왕의 연호 중 지원至元을 쓴 인물은 두 명이다. 쿠빌라이 칸 세조世祖(재위 1264~1294)가 '지원'을 썼고, 순제順帝(재위 1335~1340) 역시 '지원'을 사용했다. 위의 인용문에 등장하는 천책(1206~?)의 생몰연대를 참조하자면, 위 인용문에서 가리키는 '지원'은 세조일 수밖에 없다. 하지만 저자 각안은 순제로 착각해 "원나라 순제 지원 30년元順帝至元三十年"이라고 잘못 서술했다. 저자는 원 자료를 인용하면서 이를 깜빡 놓쳤지만, 팩트체커가 그 빈틈을 메웠다.

팩트체커는 또한 중국에서 매년 업그레이드하여 발행하는 『중화인민공화국 행정구획간책』(중화인민공화국 민정부 편집)을 구입해 바뀐 내용을 숙지한 뒤, 편집하는 책에 중국 지명과 행정구역이 나오면 변경된 명칭으로 수정한다. 중국의 행정구역은 현縣의 지위가 승격되어 분리되는 등 자주 바뀌어 주의를 요하며, 중국 고전에 나오는 지명이 오늘날과 다를 때는 현재 행정구역을 보충 설명해둔다. 또 서울 종로 등에 가면 많은 여행사가 세계 각국의 지도를 구비해두고 있는데, 팩트체커는 중동이든 아프리카든 그곳에서 지도들을 수집해 자기만의 방법으로 편집해둔다. 각 나라의 도시 위치 하나하나까지 머릿속에 새기는 것은 물론이다.

　　몇몇 신문을 구독하는 팩트체커가 반드시 스크랩해 외워두는 것 중 하나는 유명 인물의 부고 기사다. 책에 나오는 유명 인사가 인쇄 전날 죽었다는 소식을 확인하고, 서둘러 생존 인물에서 고인으로 바꿔 표기한 적도 있다.● 잠깐 샛길로 빠져 논픽션 작가 존 맥피가 한 인물의 생몰연대를 파악한 과정을 살펴보자.

　　2002년에 유난히 확인하기 힘들었던 딱 한 문장의 한 부분이 있었다. (…) 나는 고집스럽게 이걸 확인하고 싶었다. '그의 가족들에게는 조지프 세컴으로 불렸던 피스카토르는 코튼 매더가 죽었을 때 스물한 살이었다.' 그가 정확히 몇 살인지 가리키는 표현을 그대로 둔 채 사실 확인을 하려면, 매더가 사망한 연도와 세컴이 태어난 연도뿐만 아니라 각각의 날짜까지 알아야 한다. 매더가 사망한 1728년 2월 13일에

● 생몰연대는 매우 중요한 정보다. 살아 있는 인물인데 작고했다고 표기하는 것이 아마도 편집자가 저지를 수 있는 가장 큰 실수 중 하나일 것이다. 최근 출판계에 이런 일이 있어 책을 폐기하는 소동이 벌어지기도 했다.

세컴은 스물한 살 아니면 스물두 살이었다. 둘 중 뭐가 맞을까? 인터넷을 뒤졌지만 허탕이었다. 도서관도 허탕이었다. 조지프 세컴과 플루비아툴리스 피스카토르의 저작 전집도 허탕이었다. 나는 그가 20여 년간 목사로 재직했던 뉴햄프셔주 킹스턴에 전화를 걸었다. 나와 연락이 닿은 사람은 너그럽게도 그 도시와 교회의 문서 기록을 뒤져보고서 다시 연락을 주겠다고 했고, 정말로 2~3일 뒤에 다시 전화를 걸어왔다. 그는 미안하다고 했다. 오랫동안 열심히 뒤졌지만 킹스턴에서는 세컴의 정확한 생년월일을 찾을 수 없었다는 것이다. 이제 그만 포기하고 그가 '이십 대 초반'이었다는 문구를 삽입하려는 찰나, 내 머리에 빨간 전구가 켜졌다. 조지프 세컴이 1737년(그가 킹스턴에 도착한 해)에 목사였다면 그는 어디선가 교육을 받았을 것이고, 그 시절에 매사추세츠만이 속한 주의 고등교육 기관이라고 하면 표적은 딱 하나였다. 나는 하버드에 전화를 걸었다. 대표전화를 통해 연결된 사람은 내 질문을 듣자마자 몇 초 이내에 대답해주었다. "1706년 7월 14일이네요." [27]

이런 과정은 마침내 엄청난 쾌감을 안겨주지만, 끝에 가서도 원하는 정보를 얻지 못하면 시간만 소모하는 데 그치고 만다. 앞서 언급한 팩트체커의 이야기로 다시 돌아가자. 그는 일단 모든 숫자를 의심하고 번역 원고는 원서를 꼼꼼히 대조하면서도 원서조차 의심의 눈초리로 본다. 원서에 오류가 많으면 해외 출판사에 메일을 쓴다. 잘못을 바로잡아달라고.

이런 직업을 가진 사람이 많을까. 주위를 돌아보건대 거의 없다. 일단 고도의 지식을 갖춰야 하는데, 다양한 분야에 걸쳐 전문가급 지식을 겸비한 이가 많지 않다. 대개 출판사 편집자들이 교정 교열 과정에서 팩트체커 역할을 맡지만, 고문헌에 까막눈이거나 사실관계를 끝까지 확인하려는 의지가 박약한 경우가 많다. 즉 저자의 서술이나 원 사료의 기록이 맞겠거니 하고 안이하게 믿어버린다. 사실 하루 종일 검토해서 오류 한두 개 잡아내는 일에 희열을 느낄 사람은 흔치 않다. 참고로 미국 〈뉴요커〉의 팩트체커 지원 자격을 알아보자.

프랑스어, 독일어, 스페인어, 이탈리아어, 러시아어를 말할 수 있고, 고전 그리스어를 읽을 수 있으며 (…) 오만의 술탄과 카타르의 아미르가 누구인지 곧바로 말할 수 있어야 한다.

고전학자 메리 비어드는 앤서니 애버릿의 『키케로』 서평을 쓰면서 "일부 라틴어에 황당한 오역이 있다. 저자 자신 혹은 편집자가 라틴어를 제대로 이해하지 못하는데 군이 라틴어 단어들을 사용한 이유가 궁금하다"[28]라고 지적한 바 있다. 로마 관련 책을 내려면 저자는 물론 편집자 역시 고전 그리스어와 라틴어쯤은 알아야 한다는 것이 서평자의 주문으로, 저자의 오류는 최종적으로 편집자의 오류로 귀착된다.

이런 능력은 어떻게 갖춰지는가. 거의 광적인 결벽증이 있어야 한다. 편집은 효율성과는 담을 쌓은 분야이고, 원고를 음미하면서 자기 감상을 끼적거릴 여유는 없다. 근원이 되는 자료를 찾아 연어처럼 헤엄쳐야 하고, 내가 틀렸을지 모른다는 불안감을 24시간 마음속에 담아둬야 한다(혹은 나만큼 정확한 사람은 없다는 자부심까지도). 또 외국어 회화 실력이 꽝이라도 전 세계 외래어 표기법에는 숙달되어 있어야 한다. 가령 1400쪽짜리 『저먼 지니어스』를 편집하면서 담당 팩트체커는 "이 책이 서양의 저명인사를 국립국어원 자료보다 더 많이 아우르니 향후 교정의 전범으로 삼을 만하다"라며 자신감을 내비치기도 했다.

〈뉴요커〉의 편집자 세라 리핀콧은 한 번의 오류가 낳는 어마어마한 악영향에 대해 '일단 지면에 실린 오류는 도서관에서 계속 살아가며 정성스레 목록화되고, (…) 연구자들은 최초의 오류에 의지해 새로운 오류를 거듭 생산한다'[29]고 지적한 바 있다. 펜으로 이것들을 도려내야 하는 게 팩트체커의 임무다.

지성, 전문성, 근면성, 인내심을 갖춘 팩트체커들은 실제로 만나면 얼음처럼 차가울 것 같지만 오히려 유연하고 이해심이 많아 놀라움을 자아낸다. 왜 그럴까. 타인의 오류를 지적할 때 상대의 마음이 다치지 않게 부드러워야 하며, 또 인간이라면 언제나 틀릴 수 있다는 것을 알아서 오만할 수 없기 때문이다. 오류를 인정하는 것과 외면하는 것은 전혀 다른 일이다. 우리는 오늘도 그 일을 배우고 있다.

글항아리 팩트체커는 황치영 선생님으로, 큰 키가 지금은 많이 구부러들었다. 요즘은 걸을 때 숨이 좀 가쁘신 것 같아 마음이 좋지 않다. 그는 자신이 세상을 뜨고 나서의 일을 염려

하고 있는데, 뒤를 이을 사람을 찾기는 힘들어 보인다. 최근 그는 빼곡한 손글씨로 자료를 정리해둔 노트 두 권을 나에게 넘겨주었다. 그중 한 권은 연도와 간지干支, 한국의 연호, 중국의 연호, 중국 변방국의 연호, 중국과 한국의 주요 사건을 900년부터 1921년까지의 연대표로 작성한 것이다. 가령 '992년' 항목을 보면 "임진, 성종 11년, 북송 태종 3년, 요 성종 10년, 고려 국자감 설치(1362년 성균관으로 개칭)"라는 핵심 정보가 담겨 있다. 이처럼 1000년이 넘는 역사가 노트에 일목요연하게 정리되어 있다. 그가 여태껏 만들어놓은 교정 사항을 데이터베이스로 구축하는 것이 우리의 임무다.

편집자의 이력서

『실패 도감』이란 책이 나오긴 했지만, 편집자들은 '실패'에 관한 기획은 거의 하지 않는다. 기시 마사히코의 『거리의 인생』은 노숙인과 성매매 여성 등 이른바 실패의 범주 안에 드는 삶을 가치 있게 조명한 것인데 이런 책도 드물다. 대체로 편집자들은 '실패'를 주제로 한 책을 팔 자신이 없어 하기 때문이다. 이는 채용자의 위치에서 사람을 뽑을 때도 적용된다. 지난해 검토했던 한 지원자의 이력서는 인간적인 면을 가감 없이 드러내 호기심을 불러일으켰으나, 나는 빠른 속도로 그에 대한 관심을 잃어갔다. 그는 경로를 여러 번 변경하면서 모험을 했고 그 가운데 잃고 얻은 게 골고루 섞여 있었음에도 채용자 입장에서는 '실패의 연대기'처럼 읽혔다. 왜냐하면 그 경험들은 대개 짧은데다 방향성이 일정하지 않았기 때문이다. 젊은 시절의 다양한 시도는 기성세대에 의해 장려되곤 하지만, 자칫하면 수많은 실패로 이어지며 기성세대에 의해 다시 내쳐지기도 한다.•

10여 년 전, 한 출판사에 근무 중이던 편집자가 우리 회사 아르바이트 자리에 지원한 적이 있다. 기존 직장의 급여와 안정성을 모두 포기하고 왜 다시 아르바이트를 하겠다고 결심했을까. 속사정은 몰랐지만 종교학을 전공한 그는 이력서를 통해 종교와 반종교에 관한 신중하고도 깊은 생각을 드러내 보였고, 서양의 텍스트에 탐닉하는 동시에 동양의 언어와 고전 공부도 게을리하지 않았다. 20대의 나이에 나름의 성숙함과 길들여지지지 않음, 그러면서도 현실적인 면모를 두루 갖췄었다. 알고 보니 그는 이전 회사에서 경영자가 불합리한 방식으로 주말 근무를 강요했을 때 그 제도를 없애는 데 앞장섰고, 그곳에 더 이상 미래가 없다고 판단해 시간제 자리에 지원한 것이었다. 그는 안정적인 자리에서 한번 이탈했지만, 곧 그 궤도에 다시 올라탔다.

지원자들의 색깔은 세 가지쯤으로 분류되어 읽힌다. 자기 색깔로 출판사의 브랜드 가치를 뒷받침하고 마침내 스스로의 길(독립이나 창업)을 개척해나갈 것인가, 편집자로서 적당히

• 우리 사회가 실패할 기회를 허용하지 않고, 한번 미끄러지면 정상 궤도로 다시 올라올 수 없는 곳이라는 비판에 전적으로 동의한다. 그럼에도 채용자로서 왜 이런 한계를 가질 수밖에 없는 걸까.

좋아하는 책들에 둘러싸인 생활에 만족할 것인가, 아니면 출판계에 안착하지 못하고 머지않아 다른 곳으로 갈 것인가. 한번은 이른바 명문대에서 역사학을 공부한 이가 이력서를 냈다. 기출 문제에 대한 정답 같은 삶만 살아온 듯한 지원자에게 우리는 큰 기대를 걸었다. 면접을 볼 때 그에게 던진 질문 중 하나는 "가장 좋아하거나 영향을 많이 받은 학자는 누구인가?"였다. 이 질문에 대한 답변을 듣고 다른 지원자를 채용할 수밖에 없었다. 그는 한 번도 들어보지 못한 학자의 이름을 댔는데, 바로 그의 지도 교수였다. 물론 자신의 지도 교수를 존경할 수는 있다. 하지만 그의 공부 이력을 보니 학과 커리큘럼을 거의 벗어나지 않았고, 세계적 학자들의 계보를 그리는 대신 시험공부 목적의 텍스트에 더 많이 집중한 듯 보였다. 사실 우리가 기대하는 청년의 모습은 아니었다. 자신이 가진 역량과 시야가 좁을지언정 세계적, 역사적 학자들을 머릿속에 눌러 담는 시기가 청년기라고 생각했다. 거장들의 어깨를 한 번쯤 밟고 올라서야 아주 작은 오솔길이라도 자기 길을 낼 수 있지 않을까. 당시 그 지원자는 채용하지 않았지만 그로부터 몇 년 후 비슷한 스펙의 우등생을 채용한 적이 있다. 필기시험에서 좋은 성적을 거둬 최종 후보에 올랐는데, 이때도 면접에서 밝힌 독서 이력이 전공과목을 벗어난 게 거의 없어 약간 불안했다. 이런 불안감을 뒤로하고 그를 채용했으나, 우리가 다루는 원고에 대한 소화력이 부족해 짧은 기간 동안만 함께할 수 있었다(신입 편집자들의 재교육이 잘 이뤄지면 몰라볼 만큼 성장할 편집자들이 꽤 있겠지만, 그렇지 못한 게 출판계의 현실이기도 하다).

출판사 설립 초기에는 신규 채용이 여러 차례 있었고, 원래 근무하던 직원들이 그만두면 경력직 채용도 했다. 따라서 기대를 충족하지 못하는 신입들을 대할 때면 채용자 스스로 '사람을 보는 눈이 모자라다'는 자성이 들 수밖에 없었다. 여하튼 채용을 여러 번 한다는 것은 그만큼 새로운 인재 영입의 기회기도 해서 이력서를 읽는 일은 늘 흥분을 자아낸다. 수많은 이력서가 들어오면 서류 합격을 판가름하기 전에 합격과 불합격의 경계에 선 이들의 이력서를 몇 번씩 읽어본다. 편집자들의 이력서를 읽는 것은 한 편의 독서와 같다. 대개 살면서 읽어온 책들에 대한 내용으로 채워져 있기 때문이다. 서류 심사 탈락 쪽으로 분류된 이력서조차 미련을 갖고 한 번 더 읽는 이유는 그간 읽어온 책들에서 그들의 마음이 엿보이기 때문이다. 수많은 책을 읽으면서 훌륭한 독자로 성장했음에도 수요-공급의 불균형 때문에 출판계 안에 쉽게 들어오지 못하는 일이 종종 일어난다.

이력서를 계속 읽어나가다 보면 비슷한 독서 패턴을 가진 한 무리의 지원자가 발견된다. 주로 한국소설을 읽어 취향과 문제의식에서 '세대적 감성'이 짐작되는 이들이다. 20대는 이론과 학문의 방법론들을 익히고 발제와 토론 속에서 딱딱하고 엄격한 학문들을 가장 현실적으로 받아들일 수 있는 시기다. 하지만 일견 안타깝게도 요즘엔 내 피부, 내 현실, 내 마음에 직접 와닿는 소설에 지나치게 경도된 독서 풍경이 흔하다. 책을 읽다 보면 자연스럽게 픽션과 논픽션을 넘나들게 된다. 소설적 진실을 알기 위해 인문, 사회, 과학서로 넘어갔다가 다시 문학으로 돌아오곤 한다. 그런데 소설만 읽어온 독서 이력은 하나만 깊이 있게 파고들었다기보다 독서 패턴이 단조롭다는 인상을 줄 우려도 있다(사실 책 중의 꽃은 소설이기도 해서 그들이 즐거운 유혹에 빠져드는 것이 이해는 된다).

정반대의 부류도 있다. 문학을 아예 읽지 않는 사람들이다. 간혹 문학을 하나도 안 읽었다고 당당히 말하는 이들이 있는데, 그 또한 곤란하다. 문학은 학문의 보편화되고 체계화된 틀에서 빠져나간 삶의 결들을 모아내는, 무엇으로도 대체 불가능한 분야이기 때문이다. 그 부분을 쏙 빼놓고 인문학 전반을 다룰 수 있을까. 예전에 어떤 학자는 "나는 소설을 끊었다"라고 말해 듣는 이들을 놀라게 한 적이 있다. 소설을 10대나 20대의 전유물쯤으로 여겨 나이를 먹으면 현실적인 것에 더 집중해야 한다는 이분법은 소설의 가치를 불공정하게 폄훼하는 것으로 들렸다. 밀란 쿤데라와 헤르만 브로흐는 소설은 '자신만의 도덕'을 갖고 있다고 말했다. 즉 소설에는 소설만이 지닐 수 있는 유일한 도덕적 인식이 있다. 닐 게이먼 역시 일부 소설은 실제 사건들은 결코 말할 수 없는 방식으로 이야기한다고 강조했다. 그는 독자들이 소설을 덜 읽는 것이 걱정된다고 했는데, 말하자면 소설을 '끊기'보다 덜 읽는 자기 자신을 걱정하는 부류가 편집자에 더 맞는다고 할 것이다.

외국어를 잘하는 편집자는 매력적이다. 하나의 언어를 안다는 것은 다른 세계를 꿈꿀 수 있다는 뜻이며, 편집자의 기획과 편집에도 큰 영향을 미친다. 외국어를 익히는 데 (해당 국가에서 태어나거나 거주하지 않는 이상) 왕도는 없다고 다국어를 구사하는 이들은 한목소리로 말한다. 한문, 중국어, 일본어, 프랑스어로 텍스트를 읽고 번역하는 김태완 선생은 영어를 엄청 못하는 경상도 '촌놈'에서 다국어 구사자가 된 과정을『나의 외국어 학습기』라는 책으로 써냈고, 16개 국어를 구사한다는 다중언어 구사자 롬브 커토도 '일주일에 두 개 이상의 수업을 정기적으로 부지런히 들으면 4~5년 뒤에 웬만한 수준에 올라설 것'이라고 말했다. 즉 외국어는 의지와 부지런함이 뒷받침되지 않으면 습득하기 어려워 그 가치를 높이 살 수밖에 없다.

1년 전쯤 세 명의 편집자 지망생과 이야기할 기회가 생겨 나는 그들에게 외국어 공부를 하는지 물어봤다. 세 명 중 아무도 하고 있지 않다고 말해 나는 작은 절망감을 느꼈다. 한 편집자를 알고 있다. 그는 영어와 일본어를 할 줄 알았지만 러시아어는 몰랐다. 그러다 러시아어 텍스트를 교정 볼 일이 생겼는데, 그 기간 동안 완벽하지는 않지만 웬만큼 러시아어를 익혔다.『발터 벤야민 평전』을 옮긴 김정아 번역가도 독일어를 알긴 했으나 영어만큼 잘하진 못했다. 그는 평전을 번역하는 1~2년 사이에 독일어를 더욱 갈고닦아 관련 논문도 한 편 완성했다. 특히 외국어와 관련해 쉽지 않은 길을 택하는 이들은 마스터의 길을 가려는 정신을 보여준다. 누구라고 쉬웠을까. 쉽지 않기 때문에 빛나는 것임을 우리는 안다.

인문 편집자인데 과학책과 수학책을 탐독하는 이들은 멋있어 보인다. 인문사회과학서를 편집하다 보면 그 세계가 지닌 한계를 인식하는 때가 한 번쯤 온다. 즉 자연과학을 알지 못하면 세계의 절반밖에 모른다거나 혹은 세계를 분명하지 않고 흐릿하게 인식하는 것 같은 느낌이다. 그래서 화학자인 프리모 레비의 서평집『고통에 반대하며: 타자를 향한 시선』이 어떤 문학인들의 서평집보다 훨씬 더 풍부하고 명료하게 읽히기도 한다. 인문 편집자들이 의외로 과학책 기획을 많이 하는 것은 이런 이유에서이기도 하다. 나는 몇 년 전, 한 문학 전공 편집자가 쓴 이력서에 과학과 수학책들이 빼곡한 것을 보고 한눈에 반했다. 그와 함께 일하게 되었고 얼마 후 조그만 교훈을 얻었다. 과학책을 인문서 읽듯이 하면 자칫 독해나 편집에서 실수를 할 수도 있다는 것이다. 편집자들은 대체로 인문학 전공자가 많아 과학과 수학의 언어에 익숙하지 않다. 당연히 이런 편집자처럼 시도해보는 것이 아무런 시도도 안 하는 것보다 훨씬 낫지만, 편집의 오류 가능성도 열어둘 수밖에 없다.

　　수많은 채용자가 편집자들의 이력서를 보면서 이 일을 이어나갈 힘을 얻는다. 이미 편집자인 나는 이들 지원자에 비해 실력이 많이 부족함에도 어떤 행운이 깃들어 편집자가 된 듯한 기분마저 들기도 한다. 내가 갖고 있는 것은 고작 10여 년의 경력뿐이며, 그 경력 속에는 오탈자와 오류의 역사도 숱하게 깔려 있다. 이는 나만 아는 비밀이기도 하고, 이미 수많은 독자에게서 질타를 받은 흑역사이기도 하다(그 사실은 특히 도서관에서 살아 숨 쉬고 있어 지우기 힘들다). 부끄러움을 무릅쓰고 조금 과장을 보태 말하자면, 편집의 역사는 오타와 오류의 역사이기도 하다. 그렇기에 채용자의 입장에 서는 편집자들은 한 줌의 희망을 품는다. 나와 함께할 젊은 편집자는 오류들을 바로잡고 조금 더 품격 있는 책들을 내주길 바라는 희망 말이다.

레이먼드 카버의 소설집『사랑을 말할 때 우리가 이야기하는 것』은 그의『풋내기들』이라는 원고를 체에 걸러내 절반만 실은 것이다.『사랑을 말할 때 우리가 이야기하는 것』이 2005년에 번역되어 나왔을 때 독자들은 몰랐다. 그 책이 첫 편집자 고든 리시에 의해 뭉텅 잘려나갔다는 것을. 물론 카버가 동의해 원고를 잘라낸 것이지만, 작가는 언젠가 온전한 형태로 재출간하겠다는 바람을 가졌고, 카버 사후에 다른 편집자가 원본을 되살려냈다.

이 일화를 들었을 때 편집자로서 "아, 고든 리시는 어떻게 그렇게 대범한 일을 저지를 수 있었을까" 하는 생각이 들었다. 이미 대가가 된 카버를 접한 나로서는 편집자가 원고를 자

111

의적으로 판단했다는 느낌이었고, 과연 무슨 잣대로 그랬을까 궁금했다. 두꺼우면 안 팔린다? (내 기준에서) 재미없는 원고는 버리고 완성도 있는 원고만 솎아낸다?

알 만한 사람은 다 알듯이, 편집자들은 원고에 손을 많이 댄다. 글을 쓴 저자보다 원고를 객관적으로 판단할 수 있는 위치인 데다 작가의 원고에 조금이라도 기여해야 한다고 생각하며, 독자에게 가장 완성된 형태로 책을 내놓고 싶어 하기 때문이다.

지금 떠올려도 섬뜩한 기억이 하나 있다. 나는 출판계에 들어오기 전, 프리랜서로 출판 기획을 하려고 했었다. 20대 때부터 알고 지냈던 철학자 김영민 선생의 원고를 첫 기획물로 삼았고, 한 출판사에 제안한 뒤 편집자와 미팅을 했다. 이제 막 서른을 넘긴 편집자는 온통 빨간 글씨로 고친 원고를 들고 나왔다.

"이 원고의 문장들은 고칠 데가 너무 많습니다." 철학 분야에서 글쓰기에 남다른 전범을 보여온 저자에 대해 이런 평을 들은 나는 얼굴이 화끈거렸고, 편집자가 어떤 이의 글을 위에서 내려다보는 태도로 평가하는 데 동의할 수 없었다. 결국 그곳에서 책을 내지 않기로 했고, 난생처음 만난 편집자에 대해서는 구겨진 인상만 갖게 되었다. 그로부터 한 달 뒤 나는 출판사에 입사했고, 그때 그 편집자와 비슷한 일을 하고 있다.

원고 중에는 편집자가 맞춤법과 띄어쓰기 정도만 수정해서 인쇄에 들어가는 것도 있지만, 전문적인 세부 내용을 조사해 추가·보강해서 거의 재탄생시키는 것들도 간혹 있다. 철학자 김영민과는 『영화인문학』을 시작으로 총 일곱 권의 책을 작업해왔다. 책 제목과 장 제목·소제목 그리고 문장 하나하나까지 저자의 의도가 강하게 배어 있고 글쓰기에 워낙 뛰어난 면모를 보여, 맞춤법을 교정하는 정도에서 편집자의 역할은 그친다. 따라서 그의 원고는 3교까지 가지 않고, 2교에서 마무리될 때도 많다.● 마찬가지 경우가 국문학자 정민이다. 최근작 『다산과 강진 용혈』까지 네 권의 책을 함께 작업했는데, 편집자가 끊임없이 느끼는 감정은 주제를 파고드는 학자적 치밀함에 대한 경외다. 서문부터 제목, 차례, 주석, 참고문헌까지 완벽한 원고가 손에 들어온다. 이들 원고를 작업할 때 편집자는 그저 한 명의 '독자'에 머물게 된다.

　　하지만 편집이 그렇게 쉬울 리가 있겠는가. "원고를 넘긴 지가 언제인데 3년이 지나도록 안 나온다." 저자와 역자가 출판사를 향해 이 같은 불평을 하며 원고를 회수하겠다고 으름장 놓는 일은 다반사다. 여기에는 물론 출판사가 과욕을 부려 감당 못 할 원고들을 쌓아두는 탓도 있지만, 어디서부터 어떻게 손을 대야 할지 막막한 원고가 아주 많다는 것도 이유 중 하나다.

예시 1: 또한 외국 강대국들 중에는 일찍부터 일본과 협상

얼마나 손댈 것인가

● 　그의 독특한 우리말 사용이나 철학적 개념 등에 대해 동의하지 않는 독자들이 있지만 이것은 별개의 문제다. 또한 그가 짓는 제목을 마음에 들어 하지 않는 이들도 있겠지만 이 역시 별개의 사안이다.

을 추구하는 게 더 현실적일 것 같았던 때에, 일본에 대한 저항은 중국인의 결심을 굳히려는 하나의 표시였다는 인색한 인식도 있었다.

예시 2: 인도의 사례는 국가의 건국에 관심이 있다. 모든 사람들의 정서나 동의를 명령할 수 있는 기나긴 과거의 투쟁의 정전의 문서들이나 전통이나 기억들은 없다. 최소한 서로 공유하는 정전의 기억은 없다. 실로 오늘날에 이르기까지 힌두교 신자 권리의 열렬한 지지자들은 역사를 토박이 힌두교도들의 평화와 처음엔 무슬림들이 이후에는 기독교인들에 의한 외국의 지배로 특징짓는 노력을 하면서 적절한 국가적 그리고 역사적 이미지를 위한 투쟁은 계속된다.

예시 3: 나를 늘 매료시켰던 것은 화려한 골드코스트 지역 호반의 고층 건물과 빈민가 사이의 극단적이면서도 많은 이야기를 간직한 대비, 정의나 이성보다는 개성과 관계를 더 중요시하는 상상의 지배자들이 다스리는 작은 구역으로 나뉜 왕국처럼 보이게 하는 파란만장한 정치인과 내부거래 이야기들, 신비로운 지하 도로와 방치된 철길과 귀신이 출몰하던 빈 공장…….

위의 예시는 모두 다른 번역 원고들로부터 뽑아낸 것으로, 아무리 노력해도 해석하기 힘들었다. 한번 이런 문장이 등장한 원고는 대개 책 전체에 걸쳐 일관성이 유지된다. 이중 한 권은 아직 편집 중이고, 나머지 두 권은 출간했다. 번역가 경력을 지닌 외부 교열자가 역자와 합세해 내용과 문장을 점검했고, 내부 편집자도 원서 대조를 한 뒤 함께 수정 작업을 했다. 문장을 교열하다가 지쳐버리는 편집자들이 이따금 있는데, 아마도 이런 일을 마친 뒤일지도 모른다. 그래도 번역서는 원서라는 준거가 있으니 옳고 그름을 판단하기가 상대적으로 쉽다.

국내 저자의 원고 편집 역시 완성도를 향한 지난한 과정이다. 문제는 사람마다 완성도의 기준이 다 다른데, 그건 사상, 독서의 맥락과 폭, 전범으로 삼는 글쓰기 모델, 시류를 보는 눈 등이 빚어낸 결과라는 것이다. 초보 편집자들은 서슴없이 말한다. "문장이 안 좋아서 많이 뜯어고쳐야겠어요" "비문투성이입니다." 저자의 가슴을 후벼 팔 상처가 되는 말이고, 너무 공격적으로 느껴진다. 이런 당돌함은 솔직함이라고 볼 수도 있지만 다른 한편 자기 세계의 한계를 아직 모르는 이의 무모함이기도 하다.

초보 편집자 시절, 나는 한 원고를 3교까지 본 뒤 인쇄 2주일 전쯤 저자에게 발송했다. 그 원고 편집 작업은 무엇보다 내용과 어휘의 '중복' 때문에 무척 힘들었다. 저자와 몇 차례 메일을 주고받았는데, 내가 보낸 내용은 대개 이랬다. "부연 설명이 이어지는 것은 거의 그대로 두었지만, 똑같은 말이 반복될 때는 문장을 생략한 것이 있습니다" "계속 등장하는 똑같은 단어들은 유사어로 대체하기도 했습니다." 편집자나 독자마다 어떤 책을 읽을 때 약간씩 불평하는 지점이 생기기 마련인데, 내 경우는 언제나 '중복'이 그런 요소다. 한 번 더 되풀이하는 것은 괜찮다. 다만 똑같은 내용이 세 번 이상 나오면 '앞에서 이미 얘기했으니 반복하지 않아도 될 텐데요' 하는 생각이 든다. 게다가 그 원고는 소제목이 너무 많아 자꾸만 내용을 요약해서 제시하는 느낌이 들었다. 독서의 흐름을 끊고 독자에게 메시지를 전하겠다는 의도가 강하게 읽혀, 편집자로서 중간 제목을 몇 개 빼고 내용이 이어지도록 합쳤다.

　　작업 결과는 어떻게 됐을까. 교열 과정은 없던 일이 되었고, 원고는 처음으로 돌아갔다. 그리고 책은 저자의 의도에 따라 맞춤법과 띄어쓰기만 바로잡은 채 출간되었다.● 저자와 편집자가 의견 차로 평행선을 달릴 때 최종적으로 존중되는 쪽은 당연히 저자다. 그게 책의 운명이기도 하다.

　　조선시대 문헌들은 현대의 우리가 가장 쉽게 접할 수 있는 고문헌으로, 지금도 학자들뿐 아니라 대중 역사가들에 의해 자주 연구되고 각색되는 분야다. 쉽게 흥미를 자아낼 수 있는 주제는 노년, 여성, 죽음, 육아 등으로 '오늘날 우리가 직면한 문제를 옛 조상들은 어떻게 풀어나갔을까' 같은 내용에 초점을 맞춰 기획되곤 한다. 이때 일부 저술가는 현대 독자의 눈을 번쩍 뜨이게 할 만한 구절들을 인용하며, 인용 뒤에 곧바로 해설(평설)을 덧붙인다. 다만 자신의 집필 의도와 관계된 문헌을 선

● 아직도 나는 이 책의 편집이 썩 마음에 들지 않는다. 그렇다고 이 일로 저자와의 관계가 훼손되거나 소원해지진 않았다.

별적으로 인용하는 것이야 그렇다 치더라도, 인용문이 주가 되고 뒤에 나이브하게 해설을 덧붙이는 것은 동어반복으로 여겨진다. 즉 구체적인 사건과 당대 인물들의 생생한 감정을 전하면서 어떤 저자들은 곧바로 요약식 평설을 남발하곤 한다.

움베르토 에코는 인용에 대한 부연 설명을 할 때 같은 단어를 안 쓰려고 지나치게 신경 쓸 필요는 없지만, 자칫 게으름의 표시가 될 수도 있다고 지적한 바 있다. 저자가 원 자료를 인용한 뒤 밝힌 어떤 해설들은 자기만의 분석 없이 동어반복에 머물러 있다. 이 경우 편집자는 스스로 해설을 써넣을 수도 없어 난관에 부딪힌다.

저자들은 종종 궁금해한다. "수정의 선을 어디까지 두며, 무엇을 기준으로 삼는가?" 원고마다 달라지는 터라 한 묶음으로 얘기할 순 없지만, 출판계에 들어와 선배에게 처음 들은 말은 "많이 고치는 편집자는 하수"라는 것이었다. 특히 문제 되는 것은 편집자가 자기 습관대로 교정하는 버릇이다. 나의 경우 잘 보아 넘기지 못하는 게 접속사 줄임말인데, 저자의 문장 쓰기 습관은 서문에서 시작해 결론에 이르기까지 반복되니 최소한 수십 번은 등장한다. 예를 들어 문장을 '해서'나 '때문에'로 시작하는 것을 나는 잘 참지 못한다. 이걸 '그렇게 해서'나 '그렇기 때문에'로 고치기도 하고, 다른 말로 수정하기도 한다. 물론 30퍼센트 정도는 저자의 문장 그대로 남겨둔다. 하지만 이런 수정도 임의적일 수 있다. 다른 선배 편집자에게 물어보니 "그게 왜 신경 쓰이는데?"라며 의아해하기도 했다. 문장에서 흔히 지적되는 접미사 '적的'의 과도한 사용 역시 일부 저자

117

는 정확성이나 자기 문장의 스타일로 여기는 까닭에 단 하나도 빼지 못하게 한다. 가령 "정권은 수많은 이유 때문에 무너졌지만, 핵심적 원인은 이중적 행정에서 나타난 제도적 모순 때문이었다"라는 문장에서 '적을 하나만 빼도 될까요'라고 물어봤지만 저자로부터 수정 불가라는 답신을 받았다.

'수정-수용' '수정-반박'으로 이어지는 편집은 독자들이 모르는 곳에서 엎치락뒤치락하는 과정을 겪으며 마지막 단계에서 포기와 타협의 산물로 나오기도 한다.

이렇듯 복잡하고 때로는 불만이 남는 편집 과정 때문에 일부 편집자와 디자이너 들은 작고한 작가의 원고를 선호하기도 한다.• 하지만 작가가 죽어서 편집권이 더 적극적으로 발휘될 때 뒤에서 이를 지켜보는 날카로운 독자들이 있다. 이를테면 카프카 사후인 1938년 『성』을 번역한 알렉상드르 비알라테의 번역은 수많은 사람이 지나치게 자유로운 번역이었음을 간파했다. 1976년 카프카의 소설들을 플레이아드판으로 출간하려던 갈리마르 출판사는 뜻밖의 벽에 부딪혔다. 번역을 수정하려고 했는데 비알라테의 상속자들이 반대하고 나선 것이다. 결과는 어떻게 됐을까? 비알라테의 오역판을 그대로 펴내되, 편집자 클로드 다비드가 자신이 수정한 내용을 책 말미에 주석

• 저자에게 표지 디자인의 최종 검토를 받아야 하는 디자이너들은 저자의 강한 취향이나 의견과 부딪치곤 하는데, 이미 고인이 된 작가에게는 그런 검토를 받을 필요가 없기 때문이다.

형식으로 싣기로 했다. 헌데 그 분량이 지나치게 방대해 독자가 '잘된' 번역을 머릿속에 복원하려면 끊임없이 책장을 넘기며 주석과 본문을 오가야 했다.[30]

또 다른 예로 『지킬 박사와 하이드』로 유명한 작가 로버트 루이스 스티븐슨을 들 수 있다. 스티븐슨은 『해변의 별장』을 〈콘힐 매거진〉 1880년 9월호와 10월호에 발표했다. 2년 후 작가는 이 작품을 『신 아라비안 나이트』에 포함시키면서 당초 판본에서 내용을 약간 수정했다. 즉 화자인 늙은 아버지가 세상을 뜨기 직전 아들에게 가족사의 비밀을 고백하는 유언 형식으로 서술되는 이 책의 첫 판본은 "나의 사랑하는 아들아"로 시작되지만, 수정 판본에서 "젊은 시절 나는 너무나 고독했다"라는 서술형 문장으로 바뀌었다. 고백 형식으로 서두를 연 것과 달리 이렇게 직접적인 문장은 이야기 자체를 전혀 다른 종류로 만들어버린다. 그런데 이 책을 편집한 에브리맨스라이브러리의 편집장인 M. R. 라이들리는 잡지에 처음 실은 문장이 옳다고 판단해 잡지 버전으로 돌려놓았다. 이탈로 칼비노는 두 가지 판본을 다 살펴본 뒤 "라이들리의 의견에 동의하지 않는다"라고 밝혔다. 왜냐하면 거기에는 편집자의 가치 평가가 들어갔으며, 칼비노는 두 번째 판본이 우수하다고 보는 저자의 의견에 전적으로 동의했기 때문이다. 이처럼 칼비노는 고전들의 판본이 여러 가지인 이유를 작가적 관점에서 추적해 들어갔던 경험을 책에 실었다.[31]

이런 예는 저자가 작고해 직접 의견을 물을 수 없는 작품에 대해 편집자가 편안해하기보다 오히려 더 신중해야 함을 보여준다. 어떤 책이 오래도록 읽혀 수많은 판본과 주석으로 독자들을 어지럽게 만들 줄 어떻게 알겠는가.

다시 이 글의 맨 앞 사례로 돌아가자. 편집 과정에 대한 이견을 떠나 편집자가 생각하는 이상적인 저자는 자기 글에 손 하나 까딱하지 못하게 하더라도 애초부터 완벽한 글을 쓰는 저자다. 『네 번째 원고』의 저자 존 맥피는 단 하나의 단어도 임의 수정을 허용하지 않는 엄격함으로 정평이 나 있는데, 그의 책을 편집하면서 우리는 원본에서 벗어나는 어떤 수정에서도 자유롭지 못했고, 따끔한 교훈을 얻기도 했다. 우리는 한국어판 제목을 원서와 달리 '궁극의 글쓰기' 등 몇 가지로 제시했고, 본문 첫 번째 원고의 난도가 높아 뒤편으로 재배치하고 싶다는 의견을 보냈다. 이에 그는 둘 다 받아들이기 어렵다고 답해왔다. 특히 그는 편집자가 책의 제목을 바꾸는 것에 극도로 예민하다. "제목은 글의 필수불가결한 일부이고 가장 중요한 부분 중 하나이며, 뒤에 오는 내용을 쓴 사람이 아니면 누구도 붙여선 안 된다. 필자가 붙인 제목을 자기가 지은 것으로 바꿔치기하는 편집자들의 습관은, 판지로 만들어 세운 마오쩌둥의 몸에 관광객이 머리만 갖다 대고 찍은 사진에 빗댈 수 있다."[32]

그와 비슷한 다른 저자로 토마 피케티를 들 수 있다. 『21세기 자본』 번역본을 펴낼 때 그는 옮긴이 주석과 해제의 게재 불가 방침을 내세웠다. 이유는 '나는 누구든 이해할 수 있도록 이 책을 썼기 때문에 거기에 또 다른 주석과 해제를 붙이는 것은 불필요한 일일 따름'이라는 것이었다. 역자 주석은 최소한이라도 필요하다고 생각했던 터라 반발심이 들지 않았던 것은 아니나, 얼마 뒤 수긍했다. 두 저자는 최대한 완벽에 가까운 원고로 자신들의 원칙에 책임을 졌기 때문이다.

속도론에 관하여

K 편집자는 겨울에도 점퍼 안에 반팔 티셔츠만 입고 다닐 정도로 혈기가 왕성했고, 민머리지만 모자도 쓰지 않은 채 파주의 겨울을 났다. 체격이 좋고 걸음은 리드미컬해 수십 미터 앞에서도 한눈에 그를 알아볼 수 있었다. 그가 다니던 출판사를 그만둔 이유는 '7교를 못 보게 했기 때문'이라는 소문이 돌았었다. 전체 교정 교열 과정을 일곱 번이나 거친다고? 그러면 1년에 책을 두세 권 정도만 편집한다는 소리일까.* 그 후에도 '편집의 신神'이라 불리는 이들을 가끔 봤다. 빠른 속도로 원고를 보는 편인 나는 그 '신'과 같은 존재들을 한 발 떨어져 지켜보면서 나 역시 조금 더 꼼꼼해져 그와 비슷한 별칭으로 불리길 소망했었다. 하지만 1교를 더 볼수록 비용은 비례해서 올

라가고, 출판사는 그 비용을 감당하기 위해 더 대중적인 책으로 방향을 조정하거나 편집보다는 기획에 신경을 써야 하는 모순이 발생하기도 한다.

　총 4052쪽인 류쩌화의 『중국정치사상사』는 편집하는 데 1년 6개월이 걸렸다. 그래서 별도로 편집자를 채용했다. 역자가 편집자의 역할을 상당 부분 떠맡아 꼼꼼히 신경 써주었지만, 고대 상형문자로 시작하는 초반부는 글자 하나하나를 이미지 파일로 작업해야 해서 굼벵이 걸음으로 나아갈 수밖에 없었다. 사실 전 3권인 이 책은 제1권이 다른 출판사에서 먼저 출간됐다가 그곳에서 완간을 포기했고, 여러 해 뒤 글항아리와 계약을 하게 됐다. 물론 수지가 맞지 않는 작업으로 중도 하차한 출판사의 심정도 충분히 이해가 되었다.

　역자나 출판사 모두 수지가 안 맞는 장사에 곧잘 뛰어든다. 지난해 만난 한 사전 전문가는 출판사를 차리겠노라며 몇몇 질문을 해왔다. 그는 메이지시대 일본의 중요한 저작 상당수가 국내에 번역되어 있지 않은 현실에 큰 아쉬움을 느꼈다. 그래서 실력 있는 학자들을 섭외해 최소 몇 권의 책을 번역, 출간하겠다는 다짐을 했다. 하지만 내가 보기엔 손익계산이 맞지

● 200자 원고지 1매 기준으로 편집 비용이 책정되므로 난도가 낮은 300쪽짜리 책을 기준으로 삼는다면 한 번 더 읽는 데 80만~100만 원쯤 더 들 것이다. 내부 직원의 월급을 기준으로 한다면 이보다 더 들 것이며, 제목을 밝힐 수 없는 타 출판사의 어떤 책은 발간 후 역자가 뭉뚱그리고 넘어간 숨은 오류들이 발견되어 그것을 모두 찾아내고 고치는 데 수천만 원의 비용이 들었다고 한다.

않을 듯해 '돈을 얼마나 잃을 각오가 돼 있어요?'라고 물었다. 그는 놀랍게도 '1억 원쯤'이라고 답했다. 나름 대기업에도 다니며 모아온 돈을 그렇게 쓰겠다는 배포를 보고 지지하는 마음이 드는 한편, 그의 앞길이 너무 힘들지 않을까 걱정도 됐다. 그런 까닭에 편집자의 탐구 정신, 공부 의욕은 상업 출판계에서는 때로 절제해야 할 덕목이 되기도 하는데, 자기발전 욕구가 어디 그렇게 쉽게 꺾이겠는가.

하워드 아일런드와 마이클 제닝스가 쓴 『발터 벤야민 평전』의 번역 초고가 들어온 것은 2015년 5월 초, 출간된 시점은 3년 뒤인 2018년 4월 말이다. 교정은 10교 이상 진행되었다. 그사이에 경이롭게도 역자의 끊임없는 관련 연구가 뒤따랐고, 그는 자신의 역량을 최대한 쏟아붓기 위해 지난한 수정 작업을 이어갔다. 이 책의 편집 과정은 몹시 특이했기에 잊히질 않는다. 편집자로서 번역문이 A→B→C→D……로 변화하는 과정을 지켜보았기 때문이다. 비유하자면 벤야민의 글을 마치 아도르노가, 숄렘이, 브레히트가 편집자가 되어 다듬으면서 더 완성된 원고를 향해 가는 것처럼 보였다. 편집 경력상 최대 난제처럼 여겨졌고, 이전 교정이 거듭 무효화되는 과정에서 지난 시간들이 수확할 수 없는 낟알처럼 흩어지는 것을 지켜볼 수밖에 없었다. 그럼에도 최종적으로 완성도가 높아 만족스러웠고 좋은 기억으로 남아 있다(하지만 계산기를 두드리기 두려울 만큼 많은 시간을 쏟아부었다).

민음사, 열린책들 등에 비해 세계문학전집 출간에 한발 늦게 뛰어드는 출판사들은 다른 출판사에서 이미 출간된 동일한 타이틀을 새로운 번역으로 선보일 때 기존 출판사의 편집을 살펴보는 것은 물론이고 영어판, 일어판 등과 비교·대조 작업도 거치게 된다. 그러므로 치열한 시장에서 비교 우위를 점해야 하는 책들은 국내에 초판본으로 소개되는 책보다 편집에 훨씬 더 많은 시간이 투여되고 속도는 자연스레 굼떠진다. 세계문학 편집팀에 소속되어 있던 한 편집자는 가끔 한숨을 쉬었다. '원문에 최대한 가깝게'라는 게 편집부의 방침이었지만, 역자들의 능력과 스타일에 따라 번역 결과물은 천차만별이었고, '편집자-역자'가 그 톤을 조정하는 작업은 '드라이버-나사'처럼 관계를 조였다 풀었다 하는 식으로 이뤄졌기 때문이다.

내 경우 가장 많은 교정 과정을 거치면서 단시간에 전력 질주했던 책은 토마 피케티의 『21세기 자본』이다. 책을 최대한 빨리 내기 위해 역자 외에 감수자, 보조 감수자, 리딩 그룹이 따라붙었다. 역자가 번역을 장별로 끊어서 보내오면 교정을 본 뒤 감수자에게 메일로 보냈다. 감수자는 학교 강의가 있어 주로 밤을 새워 작업했는데, 그 짧은 밤 시간에 원문 대조 작업을 하며 의견을 제시하고 오류를 바로잡기도 하는 모습은 꽤 인상적이었다. 퇴근하면서 파일을 보내고 아침에 출근하면 그가 새벽에 발송한 피드백이 도착해 있었다.

이 책의 관점상 '자본-노동' 분배에서 '노동'이란 단어가 쓰이므로 몇 군데 나오는 근로자라는 단어는 노동자로 바꾸어야 합니다. 마찬가지로 '근로소득'은 모두 '노동소득'으로 바꾸고요. 특별히 근로소득보전세제와 같이 확립된 용어가 아니라면 말이지요.

62쪽 두 번째 문단 위에서 다섯 번째 줄에 나오는 '도덕적 개인들'은 다른 용어로 바꾸어야 합니다. 도덕과는 아무 상관이 없고 비영리기관 등을 인간으로 의제한다는 뜻이기 때문입니다.

16장 각주 59번 중에서 불어의 exigeant는 영어로 demanding의 의미로 민주주의에 대한 관점이 매우 demanding, 즉 엄격하다는 뜻으로 번역되어야 합니다. '철학자가 민주주의에 대해 보여주는 엄격한 관점이 필수적이다'로 고쳐주십시오.

프랑스어판 원서가 976쪽이라 약 2000명의 독자를 예상하고 계약한 이 두꺼운 책은 어느 날 갑자기 세계적 이슈로 떠올랐고, 한 언론사가 저자의 방한을 추진함으로써 편집에는 단 3개월의 시간만 주어졌다. 외부 전문가 두 명이 교정에 참여했고, 내부 편집자들도 이 책에 매달렸지만 초판본에 실수들이 나왔다. 손가락질하는 사람이 많지는 않았으나 중요한 연구물의 초판본에 오류를 남겨 명예와 오욕이 마치 한 쌍으로 오는 듯한 느낌을 받았다.

피케티 책의 교정을 보던 몇 달간 몸은 부서질 것 같았고 치아 전체가 흔들렸으며, 이는 곧장 심리에까지 영향을 미쳤다. 출퇴근 때마다 불안감이 그림자처럼 따라붙었고 몇 가닥

눈물도 흘렸다. 몸과 마음이 산산조각 날 것 같은 느낌을 많은 편집자가 겪어봤을 것이다. 공무원도 아닌데 우리의 나날은 공무원의 달력처럼 흘러간다. 삼일절에 맞춰 임시정부나 위안부 관련 책을 내고, 3월 11일에는 동일본 대지진 관련 책을 낸다(나는 2011년 이후 총 다섯 권의 동일본 대지진 관련 책을 편집했다). 식목일 즈음에는 식물 책을 내야 하고, 5월에는 광주 민주화 운동 관련 책을 펴낸다. 6월에는 준비해둔 한국전쟁 관련 책을 반드시 완성해야 한다(거의 매년 한국전쟁 관련 책을 편집했다). 8월 15일의 키워드는 '일본의 패망' '제국주의 일본' '위안부' 등이다. 『쇼와 육군』 『산산조각 난 신』 『어느 하급장교가 바라본 일본제국의 육군』 등을 이 날짜에 맞춰 냈다. 9월부터는 공무원 일정에서 빠져나와 기업가의 마인드로 전환해 연말까지 매출에 신경 쓰며 최대한 빠른 속도로 달려야 한다. 추석 연휴가 끼어 있는 것은 야속하기 그지없다. 게다가 하늘이 점점 높고 푸르러지면 야외 활동이 하고 싶어져 편집이란 의무와 갈등을 일으킨다. 올해 안에 반드시 내기로 한 책들의 30퍼센트쯤은 아무리 노력해도 내년 출간 목록으로 넘어가버린다.

　　꽤 오랜 세월 출판 편집자였던 타이완의 탕누어는 문명의 형성과 붕괴 과정을 논하면서 "중국인은 (문명의) 구축 시간을 다소 화난 느낌으로 '여등如登', 즉 산을 오르는 것 같다고 표현한다. 등산처럼 느리게 걷고 아무리 피곤해도 서두르지 못하며 산의 높이와 경사, 험한 정도에 따라 다르긴 해도 여하튼 많은 시간을 소진하게 마련이라는 것이다"[33]라고 한 적이 있다. 편집자에게는 한 자 한 자 교정을 보는 작업이 때로는 산을 오르는 '여등'처럼 느껴진다. 피곤해도 단어 사이를 경중경중 건너뛸 수 없고, 독자는 모르는 험악한 산맥이 꽤 많아 수시로 좌절이 찾아온다. 물론 그래도 버티지만 자기 몸과 정신을 소진시키면서 얻는 성과물이기에 '번아웃'을 피할 수 없기도 하다.•

　　　모두 그런 것은 아니지만, '감수'라는 타이틀을 달고 나온 책들 중에는 역자가 등산을 포기하고 주저앉는 바람에 감수자가 뒤이어 그 여등을 완성하는 경우도 있다. 출발선에는 누구나 설 수 있지만 완주는 아무나 할 수 없다. 이는 감수자의 수고로움도 수고로움이거니와 시간 지연과 가파른 비용 상승을 불러오기도 한다.

　　　앞에서 마치 시시포스가 바위를 밀어 올리듯 끊임없는 편집의 고단함을 토로했지만, 사실 많은 책이 3~4교에서 마무리되기도 한다. 그래서 시중에 나온 책들에 오타나 비문이 종종 눈에 띄는 것이다. 그런 까닭에 수많은 독자가 정오표까지 만들며 출판사에 전화하고 항의 메일을 보내온다. 오늘도 우리는 오탈자 신고를 받는다. 아마 내일도 그럴 것이고.

　　　매스커뮤니케이션 학자인 존 맥스웰 해밀턴은 시니컬한 어투로 '최근 들어 편집이 나빠졌다, 아무렇게나 한다'는 사람들의 말에 정면 반박했다. "역사를 조금만 돌아보면 편집이

• 나 역시 몸의 증상을 읽지 못하고 편집에 매달리다가 번아웃을 몇 번 겪었다. 그때마다 사람들의 눈을 마주 보기가 어려웠고, 세상이 송곳으로 가득 찬 느낌이어서 "괜찮다 아가, 다시는 태어나지 말거라"[34]라는 허은실 시인의 시 구절에서 위로를 받기도 했다.

엉터리인 게 이상한 게 아니라 정상적인 거라는 사실을 알 수 있다. 출판업자들이 결산서의 맨 밑줄만 쳐다보면서 책 발간을 너무 서두른다는 불평에 대해 따져 보자. 『제인 에어』보다 더 허겁지겁 찍어 낸 책은 그리 많지 않다. 샬럿 브론티가 출판업자에게 원고를 보낸 것은 1847년 8월 24일이었다. 책이 나온 것은 같은 해 10월 16일이다. 조지 엘리엇은 『사일러스 마너』 원고를 1861년 3월 10일에 보냈는데, 3월 25일에 저자의 손에 책이 쥐어졌다."[35] 『제인 에어』 같은 책이 그렇게 서둘러 만들어졌다는 사실도 놀랍지만, 한국어판 편집자가 하필이면 이 대목에서 편집을 서두름으로써 저자의 말을 입증한 것도 절묘하다. 국립국어원의 외래어 표기법에는 '샬럿 브론테'로 명시되어 있는데, 인용문에는 '브론티'로 잘못 표기했다. 이 오기는 총 세 번 나온다.

해밀턴은 2017년에 〈지니어스〉라는 영화에서 주인공으로 삼았던 전설의 편집자 맥스웰 퍼킨스에 대해서도 또 다른 반박 평가를 인용함으로써 속도론에 빠진 구제 불능 편집자들을 한 번 더 들춰낸다. '글을 교열하거나 교정할 경우 퍼킨스는 도무지 쓸모가 없었다. (…) F. 스콧 피츠제럴드의 소설 『위대한 개츠비』와 같은 책의 초기 판본은 구역질이 날 정도로 편집이 엉망이었다.'•

편집자로서 이 글의 끝을 실수담으로 맺을 수는 없다.

• 퍼킨스의 고용주 찰스 스크리브너 주니어의 회고를 재인용.

분명한 사실은 편집은 빨라지는 것 자체가 불가능한 일이라는 점이다. 두 눈은 여백이 한 칸인지 두 칸인지도 확인해야 하고, 저자의 말이 혹시 독자의 심기를 건드리지나 않을까 수없이 점검해야 한다. 코바늘로 수작업을 하듯 더디게 편집을 하다가 마지막에는 순식간에 대량생산을 하는 인쇄기 속으로 들어간다. 요즘 인쇄기들은 시간당 7000장에서 1만 장의 인쇄 속도를 자랑한다. 그러니 느린 편집 속도가 빠른 인쇄 속도를 만나기 전, 피곤해서 감기려는 눈을 부릅뜨고 하나라도 오류를 더 잡는 게 편집자의 책무일 것이다.

오매불망하던 아무개 신문사의 최종 면접에서 몇 차례 고배를 마셨다. 어쩌다 다른 일간지에 합격해서 기자로 발품을 들였으나 두 해 만에 그만두었다. 싼샤댐이 세워지기 전 창장강 유역으로 열흘가량 『삼국지』 문화 유적 취재를 갔는데, 드넓은 대륙에 압도되어 소싯적 꿈꾸던 유학의 열망이 다시 불타올랐다. 그길로 대한해협을 건너 한 해 동안 〈요미우리신문〉 배달 아르바이트를 하며 일본어를 숙달한 뒤, 황해 너머로 날아가 중문학에 일가를 이루고자 했다. 하지만 햇수가 두 번 바뀌며 가산을 탕진했다. 제아무리 발버둥 친들 학비를 마련할 수 없게 되자 귀국했다. 이후 결혼, 육아 등 평범한 가장 노릇에 여념이 없었다. 논술 강사, 객원 기자, 출판사 편집장, 번역가를

131

거쳐 지금은 '외서 기획자'라는 생소한 '특수 고용 노동자'로 살아가고 있다.

위는 『사마천 史記』『늙어갈 용기』『장제스 평전』『쟁경』『논어와 주판』『피케티의 신자본론』 등 다수의 책을 번역하기도 한 글항아리 외서 기획자 N의 이력이다. 글항아리의 해외 번역서 대표 타이틀 중 N이 찾아내 제안한 것들은 꽤 큰 비중을 차지한다. 집에서 '자가 격리'된 채 책 찾는 일에만 몰두하는 그는 지적 세계에 대한 호기심으로 아마존닷컴, 아마존재팬, 당당닷컴(중국), 보커라이(타이완) 등 해외 서점과 〈뉴욕타임스〉〈파이낸셜타임스〉를 구독하며 해외 언론 서평란에서 한시도 눈을 떼지 않는다. 영어, 중국어, 일본어에 능통해 에이전시로부터 수많은 원서를 받아 상당 분량을 읽어본 뒤 A4 8장짜리 기획서를 작성한다. 난도, 오퍼 적정액, 평가 및 감상(보도성, 대중성, 가독성, 희소성, 차별성 등)을 적고, 본격적으로 책 소개 5쪽, 해외 서평 2쪽을 작성한다. 얼마 전까지만 해도 중국어권, 일본어권, 영어권 전문 번역가로 활동했는데 지금은 자기 정체성을 거의 외서 기획자로 못 박고 있다.

그는 우리 출판사 내부 직원이나 다름없다. 내부 편집자들은 기획과 편집 중 편집에 더 많은 시간을 쏟는 데 반해● 그는

● 한 해가 다 가도록 한 권의 책도 기획하지 않는 편집자들이 아쉽게도 가끔 있다. 문제의식을 무르익혀 주제를 장악해 기획안을 짜는 것이 쉽지 않다는 것을 잘 안다. 그렇더라도 저자군에 대한 호기심만 유지한다면 저자의 뒤를 좇으며 그리 어렵지 않게 기획하게 될 날이 올 것이라 믿는다.

온종일 기획만 한다. 그가 뛰어난 점은 내용의 충실성, 대중성(시장성), 차별성(유사 도서가 있는가 여부)을 골고루 고려한다는 것이다.

우리는 그로 인해 큰 자산을 얻었다. 일본 3대 논픽션 대가로 손꼽히는 호사카 마사야스의 『쇼와 육군』, 20세기에 가장 널리 읽힌 전쟁사학자 존 톨런드의 『일본 제국 패망사』, 이른바 '서양의 시오노 나나미'라고 불러도 좋을 영국 최고의 고전학자 메리 비어드의 『폼페이, 사라진 로마 도시의 화려한 일상』, 국제적으로 명성이 높은 아시아 연구자 이안 부루마의 『0년』, 작가이자 저널리스트로 50개국에서 취재 활동을 해온 콜린 우다드의 『분열하는 제국』, 아시아권에서도 독자층이 탄탄하게 형성된 영국 작가 마이클 부스의 『오로지 일본의 맛』, 노벨문학상 수상 작가 알렉시예비치의 '논픽션 목소리 소설' 『마지막 목격자들』, 기후변화 연구자와 독자라면 온 나라에서 필독한다는 환경운동가 폴 호켄의 『플랜 드로다운』, 제2의 조너선 스펜스라는 찬사를 받으며 일약 세계적인 소장학자로 부상한 래너 미터의 『중일전쟁』은 모두 N이 소개한 것이고 독자들로부터 좋은 반응을 얻었다.

N은 탐욕적이다. 수그러들 줄 모르는 지적 탐욕으로 아주 많은 책을 기획했다. 이는 편집 속도가 빠른 여러 편집자를 훨씬 앞서갔을 뿐 아니라, 호기심 많은 독자들도 한참 뒤로 따돌릴 만큼 방대한 양이었다. 글항아리는 크메르 루주 살인 고문관의 세계를 다룬 『자백의 대가』를 출발점으로 하여 '걸작 논픽션' 시리즈를 만들었는데, N이 기획한 책 중 걸출한 논픽

션이 많아 상당수가 여기에 포함된다. 또 그는 글항아리 모토인 일주일에 한 권의 책을 펴내는 '주간 글항아리'를 자리매김시키는 데 기여하기도 했다. 특히 영어, 중국어, 일본어, 유럽어권 언어의 교차 검토가 가능해 영어권 책이 중국어판과 일본어판으로 먼저 나와 있을 경우, 동아시아권에서 해당 도서가 독자들로부터 어떤 반응을 얻었는지 알아볼 정보력을 갖고 있는 셈이다. 출판 기획자에게 명성이 뒤따를 리는 없기에, 그는 몇 평 안 되는 방 안에서 재택근무를 하며 기획한 책들에 대한 '자부심'으로 먹고산다.

현재 글항아리의 외서 비중은 전체 출간 종수의 50퍼센트 이상을 차지한다. 만일 외서가 국내서 종수를 웃돈다면 그 출판사는 국내 저자 발굴에 소홀하거나 무능하다는 지적을 받을 수도 있다. 그렇다, 이것이 바로 외서 기획자들을 '기획자'라고 부르기보다 '북 헌터'라고 격하시켜 부르는 이유이기도 하다. 많은 사람이 되묻는다. "외서를 발견한 것인데 기획이라고 할 수 있나요?" 그래서 한 선배 편집자는 "오퍼 경쟁에서 다른 출판사보다 더 높은 금액을 제시해 타이틀을 얻었다면 이는 기획이라고 보기 어렵다"라고 말한다. 돈이 타이틀을 얻게 해줬을 뿐이라는 것이다. 그런 점에서 국내 기획을 잘하는 '동아시아' 같은 출판사의 존재는 눈여겨볼 만하다.

나도 출판을 시작할 때는 그동안 읽어왔던 논문들의 저자를 찾아다니는 방식으로 기획했다. 하지만 학술지를 찾아 읽은 뒤 주제 의식을 발전시켜 한 권의 책이 되도록 만드는 과정에서 절반의 실패를 맛보았다. 절반가량이 책으로 나오지 못

읽는 직업

한 이유는 첫째, 애초에 글쓰기가 작가의 내적 충동에서 비롯된 것이 아니라 외부 자극에 의한 것이기 때문일 테다. 둘째, 작가의 실력과 의지가 부족하기 때문일 것이다. 출판계약서를 작성한 뒤 많은 작가가 마감에 무신경해지는 모습을 보인다. 기획 단계에서 그들이 '의욕'을 보였다면 곧장 이성理性으로 손가락을 움직여 원고를 써내야 하지만, 쉽게 패배하는 쪽은 이성과 손가락이다. 그리하여 편집자들은 나라 밖으로 눈을 돌린다. 게다가 편집자와 독자의 호기심은 성큼성큼 앞서가는데 학문은 특성상 빨리 진보할 수 없으므로 훨씬 더 많은 저자의 다양하고 심도 있는 해외 책들이 편집자를 끌어당기게 된다.

글항아리의 경우 영어·일본어·중국어권 기획자는 늘 있고, 독일어권이나 프랑스어권은 편집자의 채용과 퇴사에 따라 있었다 없었다 한다. 중국어권은 N뿐 아니라 번역가 K와 T, 그리고 초창기 기획자였던 H가 있어 공급이 수요를 초과할 정도. 더욱이 중화권 저자들은 국내 인지도가 높지 않고 사고방식이나 취향 역시 영미권 작가들처럼 국내 독자들의 바람에 잘 부합하지 않아, 기획이 곧 출간으로 이어지기란 쉽지 않다. 다만 K와 T는 출판사에 대한 소속감과 배려심이 높은 게 장점인데, T는 중화권의 저명한 작가들과 20년 이상 지기知己로서의 관계를 쌓아와 한국 출판사에 부담이 가지 않도록 최소한의 금액으로 계약을 맺어주는 1인 에이전시를 자처한다. 그가 쌓아온 우정 덕분에 나도 편집하면서 옌렌커, 탕누어, 류전윈 등을 편하게 만날 수 있었다.

사실 앞서 말한 N 전에 글항아리 외서 기획에는 편집자

C의 활약이 컸다. 그 역시 영어권과 일본어권 도서를 검토하며 일본어책을 번역한 경력도 있다. 80학번이고 그만큼 잔뼈가 굵어, 많은 종수를 기획하진 않지만 한 권 한 권 오래 고심한다. 텍스트 자체의 완결성과 충족감을 가장 중요한 판단 기준으로 삼는 그가 기획한 책의 특징은 N이 기획한 것과 얼핏 비슷해 보이나 충실성 쪽에 더 초점이 맞춰져 있다. 글항아리 대표작 중 하나인 이언 모리스의『왜 서양이 지배하는가』, 독일 천재들의 총집합서라 할 수 있는 피터 왓슨의『저먼 지니어스』와 라틴아메리카에 관한 새로운 관점을 제시한『거대한 단절』, 미국 최고의 인재들이 베트남전이라는 최악의 오류를 범한 내용을 다룬 데이비드 핼버스탬의『최고의 인재들』, 트리스트럼 헌트의『엥겔스 평전』은 다 편집자 C의 성과다.

　　한 명의 편집자는 출판사에 2~3년간 몸담으면서 그 출판사의 대표작이 될 만한 책들을 심어놓고 떠나곤 한다. 즉 자신이 기획한 책을 직접 편집·출간까지 할 때도 있지만, 기획만 여러 권 해둔 채 떠나는 경우도 잦다. 이런 편집자들은 두 가지 케이스로 분류할 수 있다. 첫째, 출판사에 자산이 될 만한 양서들을 기획해놓고 떠나는 이들. 둘째, 수습 불가한 국내서나 번역서들을 기획해놓고 떠나는 이들. C는 물론 전자였지만, 사실 후자에 속하는 편집자들도 많아 그들의 후임자는 그 원고들을 처리·수습하는 데만 1~2년을 보내기도 한다.

　　이처럼 편집 기획자들은 책을 보는 눈이 있다고 자부해도 좋지만, 그 눈은 학문 세계의 커리큘럼 속에서 체계적으로 형성된 것은 아니다. 때로는 해당 책들을 완벽히 파악하기보다

읽는 직업

정보력으로 시장성을 전망하며 기획하기도 한다. 이때 그런 한계를 메우는 존재들은 전공별 학자나 전문 번역가다. 짐작건대 한길 그레이트북스, 솔출판사의 입장 총서, 민음사의 이데아 총서 등은 전문 학술인들이 기획한 목록이 꽤 될 것이다. 번역가들 중 출판사에서 의뢰하는 타이틀을 받지 않고 자신이 직접 번역하고 싶은 책을 발굴해 작업하는 이들이 있는데, 편집자의 눈이 미처 가닿지 못했던 좋은 작품들이 이들에게서 발굴되어 나올 때도 많다. 글항아리에서 나온 파커 파머의 『비통한 자들을 위한 정치학』은 스테디셀러인데, 번역가 김찬호 선생이 제안해서 계약한 타이틀이다. 이 책은 출간 이후 정치인과 사회 저명인사들의 입에 꾸준히 오르내리면서 글항아리의 대표 저서가 되었다.

엘리자베스 워런의 『싸울 기회』도 우리 저자가 미국에서 워런의 북 토크 행사에 참석했다가 그에게 매료되어 곧장 메일을 보내 소개해온 책이다. "워런의 신간을 무조건 계약하라." 그의 신속한 판단을 믿고 좋은 책을 낸 결과, 판매가 높지는 않았어도 우리는 미국 정치에서 한 가닥 희망을 발견할 수 있었다. 뛰어난 사회학자 에릭 클라이넨버그의 『폭염 사회』나 심리학의 고전인 앤서니 스토의 『처칠의 검은 개 카프카의 쥐』 같은 양서도 모두 번역가를 통해 그 존재를 알게 되었다. 이처럼 전공자와 번역가 들은 누구보다 뛰어난 기획자이기도 하다.

외서 기획은 체계성을 갖추고 진행되기보다 편집자의 문제의식과 취향, 관심사에 따라 이뤄지곤 한다. 최근 글항아리에서 외서 기획을 하고 있는 30대의 젊은 편집자는 초반에 글항아리의 기존 색깔에 맞춘 해외 도서들을 기획하다가 이제는 개인적인 관심사로 조금씩 이동하고 있다. 이전에 그가 기획한 책들은 존 맥피의『이전 세계의 연대기Annals of the Former World』(2005),『네 번째 원고』나 벤저민 모서의『손택Sontag: Her Life and Work』(최근 퓰리처상을 수상하는 쾌거를 거두었다)(2019) 과 비비언 고닉의『사나운 애착Fierce Attachments: A Memoir』(2005),『끝나지 않은 일Unfinished Business: Notes of a Chronic Re-reader』(2020) 이다. 모두 글항아리의 인문학적 분위기에 딱 들어맞으면서 그만큼 진지하기도 하다. 그러던 그가 최근에는 멕시코 일러스트레이터의 요가책을 기획하거나 캐릭터 디자인 책에 관심을 보인다. 전보다 더 과감하고 적극적으로 자기 취향을 드러내면서 어떤 새로운 물줄기를 만들어가는 것으로 읽힌다. 이로 인해 출판사는 향후 더 다양한 종합 출판의 형태를 띠어갈 것이다.

　　이 글의 끝은 한 편집자의 몇몇 기획을 보여주며 맺고자 한다. 그는 20대 때 독서에 몰두해 인문서를 섭렵했고, 문학을 읽는 데 수많은 시간을 들였다. 그 시간이 그가 30대, 40대에 좋은 책을 알아보는 밝은 눈을 만들어줬다. 영어나 다른 외국어를 잘 못하는데도 토마 피케티의『21세기 자본』, 하워드 아일런드·마이클 제닝스의『발터 벤야민 평전』, 마사 누스바움의『정치적 감정』, 헤르만 파르칭거의『인류는 어떻게 역사가 되었나』, 짐 알칼릴리·존조 맥패든의『생명, 경계에 서다』를 기획했다. 외국어에 능하지 않음에도 외서 기획을 잘한다는 것은 대단한 능력이다. 그는 주로 하버드대학 출판부와 같은 몇몇 주목할 만한 출판사의 홈페이지를 들락거리거나 꼭 출간되었어야 하는 주제인데 그동안 국내에 나오지 않은 책들을 에이 전시를 통해 찾는다. 혹은 독서를 하다가 이 작가의 작품은 꼭 내야겠다고 마음먹은 것들을 우연한 기회에 만나 기획하기도 한다. 벤야민은 학창 시절 그가 가장 열심히 공부했던 학자로 보들레르, 발자크, 발레리, 브레히트를 읽게 하는 동력이 되었다. 언젠가 벤야민에 관한 책을 만들리라 다짐했는데, 그런 공부와 기다림이 『발터 벤야민 평전』으로 결실을 맺었다. 또 불평등 주제에 관심을 가져오던 차, 책 두께 때문에 타 출판사들이 오퍼를 포기한 『21세기 자본』도 과감히 계약해냈다(계약 당시 피케티는 이름 없는 경제학자로 선인세가 500만 원 정도밖에 되지 않았다). 그는 글항아리의 대표이자 편집자로, 독서력이야말로 편집자의 기획력을 보장해준다는 사실을 몸소 보여줬다.

뭉툭한 색연필로 쓴 보도자료

글을 쓰는 편집자가 있고, 그렇지 않은 편집자가 있다. 두 부류는 단순히 글쓰기 실력 차이로 나뉘기보다 자기 경험과 의견을 언어로 표현하려는 의지, 의식, 여건의 차이로 나뉜다고 할 수 있다. 어쨌거나 일상적으로 글 쓰는 습관이 없는 후자의 편집자라도 보도자료 작성만큼은 피할 수 없다.

보도자료는 책을 만들면서 최소 세 번 이상 원고를 숙독한 편집자가 저자의 언어와 삶과 세상을 바라보는 시선을 남김없이 흡수한 뒤 독자에게 요약해서 보여주는 글이다. 많은 저자는 편집자에게 호기심과 감탄을 불러일으키고, 편집자는 때로는 그의 삶의 태도나 사고방식까지 제 것으로 만들기도 한다. 따라서 보도자료를 쓸 때 저자의 말을 겹따옴표 안에 넣어

인용하기도 하지만, 인용 부호 바깥의 핵심 개념과 문장도 대부분 저자의 사유를 그대로 담게 된다(저자의 책을 홍보하는 글이므로 인용 부호를 엄격히 적용하지 않아도 윤리적 문제가 없는 것으로 용인된다). 여기에 편집자들이 자기 언어로 덧붙이는 서술어는 이런 정도다. "폭발적인 반응과 함께 논란이 일기도 했던 방송 내용을 일목요연하게 정리하고 최신 연구 결과를 추가한 책이다" "그는 과학자와 경영자의 눈으로 탐구한다. ○○○의 추천사처럼 기존의 질서와 상식이 무너지는 시대에 이 책이 새로운 돌파구가 되어줄 것이다."

보도자료의 구조를 어떻게 짜고 어떻게 전개를 해나갈지 약간 고민하지만, 편집자는 자기 언어 습관이나 이해 수준을 너무 강하게 드러내서는 안 된다. 보도자료를 읽는 언론사 기자와 독자 들의 지적 수준 및 관심사를 가늠해 책을 완벽히 소화한 상태에서 혹은 마치 소화한 것처럼 글을 써야 한다.•

보도자료 작성을 막막해하거나 인쇄 넘긴 책을 또다시 읽으면서 정리하는 것을 마음의 짐으로 여기는 이들도 있을 것이다.•• 그러나 대체로 편집자들은 자기가 맡은 책을 홍보하는 이로서 물샐틈없는 방어력을 갖춘다.

사실 이 말엔 거짓이 섞여 있을 가능성이 있다. 다시 말

• 자신보다 최소한 열 살 이상 많고 독서 경력도 훨씬 풍부할 독자들을 대하는 초보 편집자들은 책을 소개하는 데 자기가 느낀 감동을 서술할 어휘가 부족해 '버무려낸다' '종횡무진한다' '한껏 발휘한다' 같은 말들을 자주 쓰기도 한다. 이런 어휘력은 해를 거듭할수록 나아질 테니 꾸준히 써보는 게 최선이다.

해 자기가 만든 책이 어쩌면 그리 대단치 않을지도 모른다는 생각을 하고 있을 수 있다. 하지만 편집자의 눈과 사고는 경력이 쌓일수록 맹목적으로 변해가는 경향이 있다. 집 책장에 다른 출판사 책들을 즐비하게 갖춰놓고 잘 쓰인 글과 못 쓰인 글들을 분별해왔으면서도 자기가 맡은 책 앞에만 서면 저자에게 99퍼센트 동의하게 되어버린다.

내가 만든 것 중에서도 보도자료는 그럴듯하게 썼지만, 마음에 들지 않는 책들이 있다. 하지만 보도자료에는 그런 생각을 새까맣게 감춘다. 예를 들어 천시시가 엮은 『시진핑의 말』은 다음과 같이 소개했다.

시진핑의 말은 첫째, 고전 시문 인용으로 말의 품격과 깊이를 확보한다. 둘째, 통속어와 유행어, 속담 인용으로 친근하게 다가선다. 셋째, 형상 비유로 말의 뜻을 쉽고도 입체적으로 드러낸다. 시진핑의 화법은 서민적이고 친숙하며 중국 고유의 문화적 특성을 담고 있다. 현재 중국이 처한 입지를 정확하게 분석하고 드러나거나 감춰진 문제점을 통렬하게 지적하면서 그 해결책과 앞으로 나아갈 방향을 제시하는 것이다.

읽는 직업

●● 많은 외주 편집자는 책임 편집을 맡을 때조차 보도자료는 쓰지 않게 해달라고 요청한다. 혹은 별도의 비용을 책정해주면 쓰겠다고 해서 의뢰했는데, 의무감으로 쓴 탓일까. 간혹 얼기설기 느슨한 구조와 문장으로 이뤄져 독자를 놓치게 만들 것만 같은 보도자료를 보내온다. 그러면 내부 편집자가 다시 쓸 수밖에 없다.

나는 시진핑을 떠받들 생각이 전혀 없었고, 그의 화술에 감탄하지도 않았지만 보도자료에서는 그를 완벽하고 서민적인 인물인 양 묘사했다(마치 판매 할당량을 채워야 하는 외판원처럼 물건의 질과 쓸모보다는 하나라도 더 팔겠다는 영업자의 마인드가 드러난다).

한편 프랑스의 철학자 미셸 옹프레를 좋아하는 독자들도 많지만, 정작 나는 그렇지 않다. 과격하게 난도질하는 듯한 그의 언어는 설득력 있게 다가오지 않았고, 거친 비판은 통쾌함보다 불쾌감을 자아냈다. 니체, 프로이트, 루소 등 주로 대가들을 자기식대로 섭렵한 뒤 한 명씩 격파해나가는 옹프레는 대상 인물들을 벌거벗은 임금님으로 만든다. 나는 그의 글을 읽고 그의 비평은 그가 다루는 원 저자의 텍스트에 맞수가 될 치밀함을 갖추지 못했다고 판단했다(물론 이것은 내 개인의 감상평이다). 하지만 옹프레의 책『우상의 추락: 프로이트, 비판적 평전』을 편집하면서는 이렇게 보도자료를 썼다.

> 이 책은 한 정복자에 대한 신랄한 보고서다. 정복자 이름은 지그문트 프로이트다. (…) 옹프레는 프로이트에 대한 비판적 평전을 시도한다. 놀랍도록 잘 꿰매진 정신병리적 퀼트를 방불케 하는 프로이트의 중요 이론을 해부해 원래의 실뭉치로 돌려놓는다.

당시에는 독자를 저자의 자장 안으로 끌어들이려고 온갖 미사여구를 갖다 붙여놓고, 이제 와 이런 고백을 한다는 게

뭉룩한 색연필로 쓴

떳떳치 못하다는 것을 안다. 나도 이런 치부를 드러내고 싶진 않지만 출판사의 보도자료란 대개 이런 식으로 쓰이며, 책의 단점은 발설되지 않은 채 편집자의 마음속에만 남는다.

　　이것이 왜 안 좋은가. 독자를 약간 속인 것이 가장 큰 문제는 아니다. 자본주의 사회에서 출판 편집자는 이런 마케팅 공식을 따라야 하며, 저자보다 앞에서 자기 목소리와 평가를 드러낼 수는 없는 노릇이다. 하지만 편집자 개인을 위해서는 그리 건강한 방식이 아니라는 게 문제다. 책 홍보 글을 쓰면서 자기 생각을 그에 따라 조정해가는 사람은 부지불식간에 스스로를 속일 수 있다. 더욱이 다른 편집자가 만든 책을 읽고 나서 불만이 차오를 때도 '남의 눈에 티는 보면서 제 눈에 들보는 보지 못하는 어리석음을 저지른다'고 비판받을까 봐 솔직한 후기와 비판은 마음속에만 담아두게 된다. '책도 안 팔리는데 다들 힘들게 고생하고 있지 않은가'라는 생각을 하면서(하지만 수고로운 노동과 비평은 별개의 것이다).

　　게다가 점점 더 치장의 언어에 익숙해지는 부류가 편집자다. 편집자는 외서를 기획할 때 수천수만 권의 책 중에서 해외 유수 언론이 극찬한 책들만 주로 골라 검토한다. 책을 만들기도 전에 '이 책에 쏟아진 찬사'부터 읽으면서 감탄하고 휩쓸리고 한껏 기대감을 품는다. 당연히 자기 저자를 최상으로 여기게 되고, 따라서 그 책에는 흠결이 거의 없을 것으로 기대한다. 저자는 흔히 머리말 등을 통해 자신을 한껏 낮추는 겸양의 자세를 취하곤 한다. 하지만 편집자는 저자들처럼 '글에 오류가 있으면 자기 책임이며' '부족한 글을 읽어줄 독자에게 감사

드린다' 같은 말을 하기가 힘들다. 즉 책을 펴낼 때 편집자의 언어는 결코 겸양이나 검사의 포즈를 취할 수 없는 것이다.

문제는 이런 직업에 10년을 넘어 20~30년간 몸담으면 편집자 자신의 고유한 생각과 시선이 무뎌져 날카로운 펜이 되기보다 뭉툭한 색연필이 되기 쉽다는 데 있다. 특히 저자의 글을 여러 번 되풀이해 읽으면서 모방을 통해 학습해가는 편집자는 좋게 보면 자기 세계를 구축할 발판을 다지는 것이지만, 나쁘게 보면 저자의 생각을 너무 쉽게 선취해버리는 버릇을 들이는 것이라고 할 수 있다. 게다가 어느덧 책이라면 다 좋은 것이라 여기면서, 마치 힘든 출판업에 뛰어들어 시대적 소임을 다했다고 착각할 수도 있다. 한번은 후배 편집자에게 왜 개인 소셜미디어 계정에서 본인이 편집한 책이나 최근 읽은 다른 출판사 책에 대한 이야기를 하지 않느냐고 물었다. 그의 대답은 놀랍게도 "제가 어떻게 남의 책을 함부로 평가하겠어요?"였다. 나 역시 표리부동한 책들을 읽으면 가끔 시간과 돈을 보상해달라 하고 싶다는 생각을 하면서도 실제로 발설하는 일은 없는데, 동종업계 종사자가 그런 말을 하면 시기, 질투 혹은 비하나 조롱으로 여겨지기 때문이다. 사실 다음과 같은 비평을 나도 한 번쯤 해보고 싶다.

『도덕감정론』을 나는 다시 새롭게 읽었고 게다가 여러 번 되풀이해 읽었다. 이 책이 심오해서 그런 것은 아니다. 이제 나는 이렇게 직설적으로 말할 수 있다. 이것은 사실 꼭 읽어야 할 책은 아니라고, 평범하고 단조로우며 보통의 상식적

인 책보다 뛰어난 점이 없어서 "약간의 재능도 안 보인다"고
말이다.•

심지어 이런 말을 하게 될 날이 나에게도 올까.

베스트셀러도 책의 한 종류이기는 하지만 그것들은 같은
책의 끊임없는 반복, 그러니까 가장 단순한 의미의 끊임없
는 복제에 불과하다. [36]

편집자들은 남의 책을 비판하면 그것이 언젠가 부메랑
이 되어 돌아올 것을 염려한다. 게다가 자신이 비판한 저자를
훗날 예기치 못하게 섭외해야 할 수도 있고, 자기가 비판했던
출판사에 취직해야 할 수도 있다. 인터넷 서점에 별 세 개 이하
의 독자 리뷰가 올라오기만 해도 하루를 망치고 심리적 방어선
이 무너지는데, 저런 말이 내가 만든 책을 향한 것이라면…….
그래서 유명한 작가들이 〈뉴욕타임스〉와의 인터뷰에서 당당히
비평한 것을 읽고 대리만족하는 것인지도 모른다. 나도 한몫
거들고 싶다는 목소리를 감춘 채.

"셰익스피어는 아마 전 시대에 걸쳐 가장 과대평가된 작

• 사실 『도덕감정론』을 읽으면서 나는 인간 감정을 그토록 잘 꿰뚫은 스미스의 책에 감
탄했다. 하지만 탕누어는 나와 달리 여러 번 그 책을 읽었고, 그의 이해력은 월등히 뛰어나
므로 탕누어의 말을 십분 존중한다.

가일 겁니다."(니컬슨 베이커)

"헤밍웨이를 별로 안 좋아합니다. (…)『일리아스』에 비해 『오뒷세이아』는 그 10분의 1도 안 좋아합니다."(도나 타트)

"과대평가된 책이라면…… 제임스 조이스의『율리시스』를 들겠습니다."(리처드 포드) •

"아무리 애를 써도 조너선 프랜즌은 즐기지 못하겠더라고요. (…)『자유』는 우스울 정도로 과대평가됐다는 생각이 들었어요."(앤 라모트) [37]

• 보르헤스도 조이스처럼 글을 쓰면 안 된다고 말했을 뿐 아니라, 움베르토 에코는 작정하고「율리시스, 우린 그걸로 됐어요」를 통해 조이스를 신랄하게 고발한다.『율리시스』는 '예술 작품이 아니'며 조이스는 '재를 뿌리'는 작가로서 문학을 질식시킨다고.

모방하는 편집자들

출판계는 저자-편집자-독자라는 트라이앵글로 '계界'를 지탱하고 있다. 저자는 기존 작가들의 글을 수없이 읽으면서 자신도 그들처럼 글을 써 먹고살 길을 찾겠다고 결심한다. 편집자는 누구보다 글을 좋아하고 책을 많이 읽어왔으니 책 주변에 머물며 먹고살겠다고 결심한다. 독자 역시 책 주변을 맴돈다. 한 번 책을 읽은 독자는 계속 책에 빠질 가능성이 높기 때문에, 세상 사람들은 책을 읽는 이와 읽지 않는 이로 나뉜다고 말할 수도 있을 것이다. 이 세 부류 중 편집자가 정체를 파악하기 가장 힘들어하는 것은 독자다. 저들이 정말로 읽고 싶어하는 책은 무엇일까.

스즈키 도시유키는 『에도의 독서열』에서 "어느 시대의

누구든지, 어떤 방식으로 책을 읽고, 그것을 어떻게 이해하고, 어떻게 독자의 마음을 차지해가는지 실증적으로 그 자취를 따라가는 일은 매우 힘들다. (…) 그렇지만 (출판인들은) 관념적인 독자상에서 벗어나는 노력을 게을리해서는 안 될 것이다."[38]라면서 독자를 '속을 알 수 없는' 존재로 그려놓았다. 편집자들은 독자를 만날 기회가 그리 많지 않다(북 토크나 서평 등은 제외하자). 따라서 그들은 잘나가는 책들을 유심히 보곤 독자의 욕구를 읽어냈다고 생각한다. 거기에는 무의식적으로 독자를 내려다보는 마음도 얼마간 있다. '이렇게 쉽게 써서 손에 들려줘야 한다' '독자들은 눈앞의 현실에 몰두하니 그 욕구를 재빠르게 간파해 그에 맞는 책을 만들어야겠다' 등등.

어느 날 서점가에 비슷한 책들이 출몰하기 시작한다. 나는 나로 살 것이며, 조금 더 예민해지기로 마음먹었고, 열심히 살지 않을 것이다……. 각각의 베스트셀러가 한 권 있고, 나머지는 그를 둘러싸 성좌를 이룬다.* 이 성좌는 편집자들의 조바심을 서점에 진열해놓은 것이라고 봐도 될 것이다. 그들의 마음은 급하다. '트렌드에 뒤처지지 말고 올라타서 실적을 내보자.' 제목은 그 책만의 고유성을 나타내는 방식으로 지어지지 않는다. 시중에 판매되는 도서들의 트렌드를 참조해 감각적으로 짓는 게 편집자들의 습성이기 때문이다. "편집자들은 제목이 자

* 벤야민의 파편적 글쓰기가 저마다 개별적 고유성을 지닌 채 글쓰기의 성좌를 이룬 것과는 다르다. 이것들은 가짜 성좌일 가능성이 크다.

신의 특권이라고 생각하는 것 같다. 젊었을 적에는 이런 일이 생기면 막 피부가 달아오르고 소름이 돋곤 했다"[39]라고 말한 존 맥피 같은 저자가 있어도 편집자는 여전히 '제목은 나의 특권'이라고 생각하는 경향이 강하다. 표지 디자인에도 같은 메커니즘이 적용된다. 서점가에서는 1~2년간 비슷한 톤의 일러스트와 디자인이 유행하는데, 이는 대체로 편집자의 산물이다. 그들은 노골적으로 이렇게 주문한다. "○○○ 책과 비슷한 느낌으로 해주세요." 이미지나 타이포에 관해 비전문가인 편집자의 요구를 받고, 어떤 디자이너는 자기만의 창조성을 발휘해 완성도 높은 창작물을 내놓기도 하지만, 상당수는 클라이언트의 단견적인 요구를 따르게 된다.

편집자들은 모험과 실험보다는 안정과 확신에 올라타 애초에 자신이 무엇 때문에 편집자가 됐는지 점점 망각해간다. 머릿속 한 켠에 이런 생각이 없잖아 있다. '사실 나는 이런 책 별로 안 좋아하는데' '남들을 쫓아 하려니 자존심이 상하잖아' '이런 책이 팔리는 이유를 잘 모르겠어, 독자들은 왜 이런 책을 좋아할까.' 하지만 이런 마음속 이야기는 자신에게조차 거의 들리지 않으니 남들에게 들릴 리가 없다. 편집자들은 대개 입이 무겁다. 물론 그들끼리 모였을 때는 뒷담화에 꽤 능하기도 하지만, 저자와 독자에게 진짜 속내를 털어놓는 일은 드물다.

말로든 글로든 자기 생각을 뚜렷이 전개하지 않는 편집자들은 점점 자기 자신까지 속여간다. '작은 차이가 큰 차이를 만들어낸다' '신은 디테일에 있다' 등등 모방에서 비롯된 조그만 차이가 창조 쪽에 가담해 있다고 쉽게 믿어버린다. 이를 정당화해줄 기제는 또 있다. 사실 베스트셀러가 된 책보다 후속 원고들이 더 나을 때도 많기 때문에 질적인 면에서 진보했다고 보는 것이다. 하지만 불운하게도 그것들이 창시자는 아님을 인정해야 한다. 없던 시장을 스스로 개척해낸 프런티어가 아니라, 남이 열어놓은 경로를 뒤밟은 것임을.

편집자가 스스로를 속이면 꼼짝없이 걸려드는 존재는 독자다. 독자가 책 한 권을 사는 데 지불하는 돈은 1~2만 원이다. 저렴한 가격에 지식을 전유하지만, 독자는 만만히 볼 대상이 아니다. 지금의 그는 1년 전의 그가 아니기 때문이다. 최근 몇 권의 책을 읽어 조금 더 자란 데다 책은 그의 욕구도 변형시켜놓았다. 한 단계 더 상승했거나 혹은 시야가 넓어졌거나. 독자는 속으로 말한다. '출판인들은 대체로 좋은 책들은 절판시킨다. 그들은 셈에 밝으며, 고만고만한 책들만 끊임없이 내놓는다.'

이런 생각도 꽤 일리 있다. 요즘 편집자들은 옛 시절의 편집자들과 달리 자기 정체성의 30퍼센트쯤은 마케터라고 생각하기 때문이다. '필사적으로 알리고 팔아야 한다', 이게 그들의 모토지만 베스트셀러를 만들어본 경험은 그리 많지 않다. 그러므로 남에게서 배워야 한다고 생각하고, 그것은 곧 모방으로 이어진다. 모방은 단지 닮은꼴 생산에 그치지 않는다. 우선 바로 직전에 다른 출판사에서 높은 판매고를 올린 작가를 모셔오려고 애쓴다. 그건 이전 편집자의 통찰력을 모방한 것과 다름없다. 똑같은 일러스트레이터나 디자이너에게 작업을 의뢰하면서 시간은 적게 준다. 디자이너에게 시간을 적게 준다는 것은 생각을 많이 하기보다는 빠르게 트렌드를 캐치하고 재연 작업을 하라는 의미일 수 있다.

일이 이렇게 일사천리로 진행되면 편집자는 어느덧 교정 보고 카피 쓰고 발주하는 데 집중하므로, 스스로 뭘 하고 있는지 자기 자신을 투시하는 힘은 상실하기 마련이다. 편집은 디테일의 영역이니 이 단계쯤에 이르면 큰 그림은 그리기 어렵다. 게다가 이런 책이 시장에 나오면 역시나 실패하지 않을 확률이 높다. 그렇지만 곧 B, C, D사에서 유사한 주제와 디자인의 도서를 내놓아 독자들은 점점 나가떨어진다. 그들이 편집자를 결코 지적인 존재로 생각할 수 없는 이유다.

게다가 독자들은 잘 모르겠지만, 모방이라면 뒤지지 않을 에이전시들도 여기에 가담한다. 주로 해외 도서를 국내에 소개하는 에이전시 직원들은 늘 국내 트렌드를 주시하다가 해외 시장을 뒤져 그와 비슷한 책을 찾아낸다. 그리고 국내에 나와 있는 책들과 유사한 제목을 붙여 편집자들에게 상품으로 진열한다. 여기에 몇몇 편집자는 넘어간다. 혹은 번역서 중 국내에서 엄청난 판매고를 올린 해외 저자의 다른 책들에 대해 오퍼 비용을 최대치로 올려놓고 편집자들이 경쟁하게 만든다. 그럼으로써 국내서와 해외서는 비슷한 색깔과 취향으로 포장돼 독자 주위를 맴돌게 된다.

몇몇 고전을 주로 탐독하며 독서의 지평을 잘 넓히지 않는 깐깐한 독자나, 절판된 양서들에 아쉬움을 느끼는 독자들은 출판계의 생리를 얕볼지 모른다. 편집자는 여기에 별로 개의치 않는다. 저들은 우리의 주류 독자가 아니므로 더 넓고 얕은 물에 있는 독자들을 만나겠노라고 생각한다. 낚싯대를 던져 한마리의 큰 물고기를 기다리기보다는 그물을 넓게 쳐 멸치 떼를 끌어올리듯 한꺼번에 많은 독자를 건지길 바란다.

편집자는 속으로 말한다. '우리는 수공업자가 아니며, 예술가도 아니다. 소싯적 글을 쓰고 싶다는 생각도 했고, 수많은 인문·사회과학서를 섭렵하며 코즈모폴리턴으로서의 비평적 삶을 꿈꾸기도 했다. 그런데 내가 기획한 진지한 책들은 판매가 잘 되지 않아 현실 감각 없는 무능한 편집자가 될 뻔했고 그 기분은 비참했다.' 어떤 편집자는 책을 불쏘시개로 삼는 꿈을 꾼다고 고백한 적도 있다.

이런 변명을 간직한 편집자는 살짝 변주만 가하며 도약하려 하지 않는다. 내 경우 대여섯 군데 출판사의 책들을 특히 자주 검색한다. 독자로서 그들의 책을 애독하기도 하지만, 그들이 선도하는 트렌드를 나도 읽어내고 싶어서다. 새 책을 만들면서 여전히 자신을 모방자의 위치에 두고 있는 것이다.

이런 존재들이 어떻게 자존감을 갖느냐고 독자들은 의아해할지 모른다. 편집자는 자신이 만든 책이 모방에서 크게 벗어나지 않더라도 다섯 권 중 한 권만 잘 팔리면 금세 자존감을 회복한다. 그리고 곧 도래할 미래보다는 지금 여기의 트렌드에 집중한다. 책의 계약 기간(유효 기간)은 5년밖에 안 되고 요즘 신간들은 6개월(심지어 한 달) 안에 승부를 봐야 하므로 눈앞의 현실에 집중하는 편집자의 계산은 나름 현명하다. 5년 뒤를 생각하라고? 그건 우리가 잘해낼 수 없는 일이다. 미래의 출판 방향이 어떨 것 같냐고? 독자를 잘 모르는데 우리가 어떻게 그것을 알까. 다만 오늘의 성공 없이는 내일도 없다. 그게 우리가 끊임없이 서로를 모방하는 이유다.*

* 편집자들 중에는 자신이 애호하지 않는 분야의 책을 만드는 사람이 꽤 있다. 그들은 낮에는 그런 책들을 만들고 홍보하지만, 저녁에 집으로 돌아가서는 다른 출판사에서 나온 좋아하는 책들을 탐독한다. 이런 일종의 '이중성' 때문에 이 글이 너무 시니컬해진 것 같은데, 만약 편집자들이 읽게 된다면 너그럽게 이해해주길 바란다. 늘 이렇게 까칠한 생각을 하는 것은 아니니.

문제 상황에 맞닥뜨렸을 때

2020년 1월 7일 새벽에 잠이 깨어 잠깐 휴대전화를 확인했다. 지난해 판권 계약을 한 스페인 저자 페드로 바뇨스 Pedro Baños, 1960~의 책이 영미권에서 반유대주의 논란에 휩싸였다는 문자가 역자로부터 와 있었다. 영미권에서 그의 책을 번역·발간한 펭귄북스가 판매 중지를 고려할 만큼 사안은 심각했다. 문제는 단순하지 않았는데, 영미권 출판 편집자들이 책을 펴내면서 저자의 반유대주의가 분쟁에 휩싸일 것을 염두에 두고 이미 원전의 적대적이거나 날카로운 부분들을 뭉뚱그려놓은 것이었다. 선인세를 몇천 달러나 치른 이 원고의 한국어판을 낼 것인가에 대해 처음으로 돌아가 다시 전문가의 자문을 받아야 했다. 어쩌면 계약금을 포기하고 출간을 접어야 할지도 모른

155

다. 이 사안은 2007년경 있었던 『요코 이야기』 논쟁을 떠올리게 했다.

국내에 2005년 번역되어 나온 『요코 이야기』는 1986년 미국에서 출간된 소설로, 저자 요코 가와시마 왓킨스는 제2차 세계대전의 전범 국가 국민이면서도 오히려 일본 국민이 갖게 된 피해 담론을 정교화하며, 식민지 국가인 조선인들에게 피해를 입힌 내용은 거의 고찰하지 않는 역사 인식을 보여줬다. 이러한 문제점 때문에 중국에서는 이 책을 출간하지 않았고, 일본어판도 뒤늦게야 나왔다. 여하튼 한국어판은 글항아리 모회사에서 출간되어 곁에서 논란을 지켜볼 수 있었는데, 사회적 이슈로 번진 이 책에 대해 당시 편집부는 고심을 거듭하다가 절판을 결정했다. 이런 사안들은 편집자의 일이 단순히 편집에 그치지 않는다는 것을 보여준다. 편집자는 저자가 언제 어떻게 논란의 중심에 설지 모르니 어떤 일에도 대비할 수 있도록 단련해두어야 한다.

페드로 바뇨스의 논란을 알기 얼마 전에도 감당하기 어려운 큰일에 직면할 뻔했다. 당시 새롭게 계약을 추진 중이던 원고가 있었는데, 한 연극연출가의 성범죄 사건을 다루고 있었다. 민감한 내용이 많아 자문을 받아보니 법적으로 문제의 소지가 있다는 견해가 제기되었다.

출판권 설정 계약서 제6조는 "저작물 내용이 제3자의 권리를 침해하여 출판사 또는 제3자에게 손해를 끼치면 저자가 민형사상의 책임을 진다"라는 내용을 담고 있다. 하지만 이 원고의 필자는 만에 하나 소송으로 번질 경우, 경험과 자본이 없는 저자가 소송에 대한 짐을 전부 떠안기는 힘드니 출판사가 소송 비용을 공동으로 부담해줄 것을 요청해왔다. 마음을 이해 못하는 바는 아니지만, 우리는 '제6조는 저자에게 글쓰기에 대한 사회적 책임과 개인 윤리를 법제화한 것'이라고 판단했다. 즉 제6조가 없으면 표절 등과 같은 저자 개인의 반사회적인 일탈과 위법을 출판사가 떠안아야 한다. 결국 '저자 개인의 위법에 대한 법적·사회적 책임은 저자가 감당하는 것이 사리에 부합할뿐더러 근대 사회 법과 계약의 기본 이념이기도 하다'는 입장을 굳혔다. 더욱이 원고에 일말의 '허위 사실'이라도 담기면 명예훼손에 해당되어 형사 책임을 면하기 힘들었다.

이 원고는 우리 사회에 큰 변화의 파고를 일으켰던 미투의 문제의식을 치밀히 파고든 기획이었고, 편집자로서 주제에 공감하며 접근하다 보니 미처 사법상의 문제점을 고려하지 못했다. 법에 대한 상식과 경험이 부족한 탓에 일이 안이하게 진행되었지만, 문제가 발생하기 전에 뒤늦게나마 검토할 기회가 주어졌다. 만약 시곗바늘을 처음으로 되돌린다면 1~2년 더 기다렸다가 최종 선고가 내려진 뒤 진행하는 것이 저자나 출판사 모두에게 더 낫다고 판단했을 것이다. 문제의식에는 백번 공감하지만 해당 연출가와 함께 재판에 회부된 주변 인물 중 누군가가 출판물 가압류 신청이라도 내면 공들여 쓴 이 책은 서점에서 회수될 수밖에 없다.

최근 며칠 새에 들어온 한 번역 최종 원고는 애초에 역자가 샘플로 보내왔던 것과 달리 곳곳에서 허술함이 눈에 띄었다. 다시 말해 번역의 정확성이 떨어지는 것은 물론, 본문에서 인용되는 여러 텍스트의 원전을 면밀히 살펴보지 않고 번역한 부분이 많았다. 보통 번역가는 고전이 인용되었을 때 국내 연구자의 번역물을 여러 가지 참조해서 정확성을 높여 최종 결과물을 내놓기 마련인데, 이 번역가는 그런 원류를 찾아가는 일을 성가시다고 여긴 듯하다. 하지만 편집 과정에서 여러 번 교차 점검을 한다 해도 까다로운 원전 인용에서 행여 있을지 모를 실수를 얼마나 잡아낼 수 있을지 머릿속에서 근심이 떠나지 않았다.

법적으로 얽히는 사안들은 언제나 수치심과 불명예에 결부되어 나 같은 필부필부는 두려움을 떨치기 어렵다. 그것은 '이성'의 영역이라기보다 서로의 이권을 따지는 가장 처절한 밑바닥 싸움이기 때문이다. 한번은 우리 저자의 글을 다른 이가 표절했다고 하여 조그만 분쟁이 일어난 적이 있다. 즉 우리 저자는 상대에 대해 엄정한 잣대를 적용했고 그에 따라 후속 조치 등을 요구했는데, 문제는 내 경우 우리 저자와 '표절 혐의'가 지목된 상대를 모두 잘 알고 있었다는 점이다. 관점에 따라 표절로 몰아붙이기에는 좀 가혹한 면도 있었는데 나는 중재자 역할을 제대로 하지 못했다. 또 다른 저자는 한 잡지사와의 갈등으로 인해 자신의 신간이 '자기 표절'이라는 이상한 문제 제기를 잡지사로부터 받았고, 언론중재위원회에 가서 판사의 배석 아래 해명을 한 적도 있다. 저자의 편에서 상대의 부당한 문제 제기에 대해 나 역시 참고인으로 출석해 발언해야 했기에 밤새 잠을 이루지 못했다. 이런 일련의 사건들은 저자와 출판사를 모두 피폐하게 만들었고, 정의보다는 욕망과 실수와 얼마간의 게으름을 확인한 기억으로 남아 있다.

　　문제는 어디서든 늘 생기기 마련이고, 편집자도 교정이나 기획 판단에서 언제든 실수할 가능성이 있다. 우리는 과연 얼마만큼의 문제 해결 능력을 갖고 있을까. 하루에 얼마만큼 처리해야 이 문제들이 줄어들 것인가.

쓰다 보면 알게 된다

　　2013년 4월부터 3년 반 동안 글항아리에서 일했던 한 편집자는 퇴사 후 몇몇 동료와 페미니즘 도서를 주로 펴내는 출판사를 차린 뒤 첫 책을 썼다. 바로 『유럽 낙태 여행』(공저)으로, 이 책을 읽으면서 나는 함께 일했던 편집자가 작가가 되었다는 것에 자부심을 느꼈다. 또 다른 편집자 역시 글항아리에서 몇 년간 근무한 뒤 〈문학과 사회〉 편집위원을 맡으며 자기 목소리를 내기 시작했다. 이후 잡지사 단행본 편집장으로 지내던 중 2020년 봄 『다소 곤란한 감정』을 펴냈다. '어느 내향적인 사회학도의 섬세한 감정 읽기'라는 부제가 알려주듯이, 그는 오랫동안 '감정 노동' 문제에 천착하다가 이를 글로 써 첫 책으로 펴낸 것이다. 책은 전적으로 그다웠다. 함께 일할 때면 그는 행여 큰 소리가 날까 봐 늘 출입문을 조심스레 닫았고, 얼굴에서는 미소가 떠나지 않았으며, 독자 문의가 오면 콜센터 직원처럼 친절하게 응대했다(물론 가끔 힘들어하는 모습도 비쳤다). 그런 그가 감정 문제로 책을 펴내지 않는다면 누가 펴내겠는가. 또 다른 사람은 이미 등단 작가로서 우리 회사 편집자에 지원해 몇 개월간 근무했다. 퇴직 후 그녀는 소설가로 복귀해 장편과 단편소설을 펴내며 활약하고 있다.

이런 예는 마치 글을 쓰려 했던 이들이 작가가 되기 전 편집자라는 단계를 거쳐간 것만 같은 인상을 준다. 이 글을 쓰기에 앞서 나는 두 명의 저자에게 '편집자'라는 직업에 대해 어떻게 생각하느냐고 물었다. 두 사람의 첫 마디는 똑같았다. "편집자는 작가의 길을 걷고 싶은 마음이 들지 않을까" "편집자도 작가가 되고 싶은 열망이 있을 텐데 편집으로 대리 충족될까." 평소 편집자라는 직업에 흥미와 자부를 보였던 나를 잘 아는 저자들이 이런 반응을 보인 것은 꽤 충격이었다. 그들은 그동안 '왜 편집자는 자기 목소리를 내지 않고 남의 글만 만지는가'라는 의문을 품고 있었던 듯하다. 자칫 편집자의 일을 폄하하는 것처럼 들릴 수 있고, 이 직업을 그 자체로 보지 않고 중간 기착지 정도로만 여기는 듯한 뉘앙스도 있다. 또 편집자는 작가가 되려 하거나 혹은 작가가 되고 싶은데 되지 못한 이들의 직업이라는 의미도 내포할지 모른다. 내심 이 직업의 독립성과 고유성을 들어가며 두 저자에게 반박하고 싶었지만, 문득 나와 일했던 세 편집자가 마침내 작가가 되었다는 사실이 떠올라 그러지 못했다.

그렇다면 편집자는 마침내 작가가 되어야 하는 걸까. '왜 글을 쓰는가'라는 질문에 아쿠타가와 류노스케는 '허전해 견딜 수가 없어서'라고 답했는데, 이는 작가적 소양을 타고난 이들이 흔히 하는 말이다. 하지만 작가라고 해서 누구나 류노스케나 벤야민처럼 학창 시절인 10대부터 잡지에 글을 싣는 것은 아니다.[•] 표현에 대한 욕망을 억누를 수 없어 글로 발현하고자 하는 것인데, 편집자 생활 15년간 주변을 살펴본 바로는 글쓰기에 대해 끓어오르는 욕구를 가진 사람이 몇몇 있었지만 그렇지 않은 편집자가 훨씬 많았다. 편집자 중에는 국문과나 문예창작학과를 졸업해 글쓰기에 소질이 있음에도, 어느덧 글로 자신을 드러내기보다는 한 권의 책을 만드는 과정에 참여해 일의 보람을 느끼거나 좋은 원고를 발굴하고 이를 독자들에게 안기는 데서 즐거움을 찾는 사람이 많다. 원래 작가가 되고 싶었던 마음이 조금이라도 있었던 사람이라면 이 정도에서 이력을 마무리하는 것은 안타까운 일이다. 그가 쓴 글은 책 광고 카피로는 남지만 자기 안의 호오好惡라든지, 자신과 세상 사이의 간극을 좁히거나 화해시키는 글쓰기로 나아가지 못하기 때문이다.

하지만 '읽기'가 직업인 편집자는 끊임없이 읽으면서 집중적인 사유를 반복하며 저자와 같이 혹은 저자에 반하여 자꾸

• 류노스케는 중학교 5학년 때 「요시나카론」이라는 논문을 교우지에 발표했고, 벤야민은 구스타프 비네켄의 사상으로부터 영향을 받아 비네켄의 사상을 대변한 잡지 〈시작Der Anfang〉에 고등학생 때부터 시와 산문을 실었다.

질문을 하게 된다. 세상이든 자신이든 타인에 대해서든. 그것은 정서에서 비롯되어 태도로 나아가게 하고, 가치관과 세계관이라는 거대한 수원에 물줄기를 잇대어놓게도 한다. 그래서 사유의 맨 밑바닥까지 캐묻다 보면 편집자 역시 글쓰기의 유혹에 빠져들 수밖에 없다. 철학자 김영민은 인문학을 하는 이라면 '유혹하는 글쓰기'에 이끌릴 수밖에 없다고 말했는데, 그 이유는 글쓰기란 곧 "수행성의 과정"이며 이는 외부로부터 자율성을 지켜나가는 "삶의 형식과 그 품위의 조건"**40**이기 때문이다.

　　타고난 작가적 자질이 없고 글을 쓰고 싶다는 욕망도 별로 없던 나조차 많이 읽으면서 저절로 파고들고 싶은 주제들이 생겨났다. 이런 충동이 들 때 편집자는 자신이 직접 쓰기보다 기획을 통해서 뜻을 구현한다. 노년, 가난, 불평등, 죽음. 이네 가지는 내가 늘 관심을 가져온 주제여서 사회학자 박경숙의 '위험한 노인'을 기획했고, 구술생애사 작가 최현숙의 『할매의 탄생』을 펴냈으며, 『우리의 죽음이 삶이 되려면』과 『문 뒤에서 울고 있는 나에게』를 기획하면서 죽음과 가난의 한 양상을 알렸다. 또 직접 가난에 대해 쓰기에는 최현숙 작가처럼 가난 속으로 뛰어들 준비가 안 되어 피케티의 『21세기 자본』과 같은 사회과학서를 내는 것으로 소임을 어느 정도 했다고 여겼다. 이런 나지만, 훗날 몸이 아프다면 투병기를 쓰고 싶고, 노인이 되면 나의 늙음과 죽음을 기록하고 싶기도 하다. 다만 지금은 경험과 사고가 냇물보다 얕아, 당장 쓸 수 있는 글을 떠올려본다면 '교정 교열 매뉴얼'이나 '나만의 책 읽기' 정도가 아닐까 한다.

여하튼 이처럼 명확하지 않은 문제의식을 붙들고 무수한 싸움을 벌이며 언어화하고자 할 때 무엇이 가장 필요할까. 그것은 반론의 여지 없이 표현 방식과 기교, 미학이다. '예술은 표현에서 시작해 표현으로 끝난다'고 한 류노스케의 말은 옳다. '의도'보다 '표현'이 더 중요하다고 한 테오도어 아도르노의 말도 괜히 나온 것이 아니다. 오로지 언어로써 승부를 걸 수 있느냐가 성패를 좌우할 것이다. '형식이 내용보다 우선이다, 아니 형식이 거의 전부다'라고 말한 작가는 너무 많아서 일일이 열거할 수 없을 정도다. 정치사회적 글쓰기로 '당파성'을 가지고 '불의'를 드러내고자 했던 조지 오웰도 자신은 미학적인 경험과 무관한 글쓰기를 할 생각은 추호도 없다고 말했다. 즉 문장 구성과 표현에 있어 얼마나 미학적으로 충실할 것인가가 관건이다.

특히 개인적인 경험을 언어로 표현하려면 보편성을 띠어야 한다. 즉 작가는 자기만의 개별성을 지우려는 노력을 끊임없이 하면서 자신의 고뇌를 여과해 명확한 언어로 표현해야 하는데, 가령 감정적인 울분과 통곡이 담긴 내용이라 하더라도 그것이 그대로 드러나서는 곤란하다. 프리모 레비는 『고통에 반대하며』에서 날것 그대로의 고뇌를 거친 생각과 언어로 독자에게 내밀었을 때 그것이 얼마나 무례할 수 있는가를 경계하라고 했다. 이 요청을 무시한다면 저자 자신의 고뇌도 그대로 남을 뿐 아니라 오히려 오염 물질이 되어 독자를 감염시키기만 할 것이기 때문이다.

나는 이 책을 쓰기 전까지만 해도 편집자가 꼭 글을 써야 한다는 생각은 하지 않았다. 하지만 생각이 점점 바뀌어 편집자는 글이든 책이든 써야 한다고 여기게 되었다. 가령 글쓰기는 삶에 대해, 자신과 타인에 대해 귀속감 같은 것을 뿌리 내리게 한다. 다만 아직 쓰고 있지 않은 이들이 있다면 글 쓸 계기를 만나지 못한 것으로, 그 계기가 주어질 때 분출시킬 만한 자원과 생각과 문장 들을 가지고 있었으면 좋겠다.

쓰다 보면 알게 된다. 자신 안에 아기가 한 명 있음을. 조지 오웰은 작가들이 글 쓰는 동기를 네 가지 정도로 꼽으면서도 사실 글 쓰는 동기는 '미스터리'라고 결론 내렸다. 그것은 마치 어떤 귀신에게 끌려다니게 되는 듯한 일로, 귀신이 아기처럼 울면 우리는 그 아기를 달래가며 글을 쓰게 되는 것이다. 그런 아기를 만나서 보듬어야 할 순간이 편집자에게도 주어질 텐데, 그때 자신이 연마해왔던 사고와 문장을 드러내기 위해 여태까지 타인의 글을 읽고 다듬어온 것인지도 모른다고 생각하게 될 것이다.

독자와 책을 옹호하며

우리가 어떻게 '우리 삶을 쓰는가'가 중요하다.
그리고 우리가 죽음을 향해
한 걸음씩 나아가면서, 우리가 써놓은
삶을 편집하는 역량은 더욱 중요하다.

독
자
는
앙
상
하
지
않
다

"도저히 못 읽겠다. 평범한 독자 중 나 같은 사람 많지 않을까."

어떤 독자는 대가라 불리는 한 저자의 책을 읽은 뒤 인터넷 서점에 위와 같은 서평을 남겼다.

"저자의 문체는 내가 선호하는 글의 방향이 아니었다."

한 소설가의 작품을 읽고 취향의 차이를 확인하게 되어 실망한 또 다른 독자의 독후감이다.

169

"목차를 볼 때 별로 독창성 없는 내용으로 두께만 부풀려
놓은 것 같다."

이 예비 독자는 책을 읽기 전부터 '독창성'을 판단하고
책이 두꺼운 것을 비판하며 실망감을 드러냈다. 요즘에는 제
목과 목차를 빠르게 훑은 뒤 '다산 정약용' '자본주의'와 같이
이제는 보편적인 고유명사나 거대 주제가 나오면 읽기도 전에
'독창성'을 기대하기 힘들다고 말하는 독자들이 생겨났다.

자기 의견을 표명할 매체가 거의 없던 옛 시대의 독자들
은 상대적으로 '침묵'하는 존재였다. 그들의 불평과 불만은 즉
각적이지 않았고 책을 읽은 뒤 느리게, 멀리서, 약간 진중하게
들려왔다. 한편 오늘날의 독자들은 두 부류로 나뉜다. 읽지 않
고 서평하는 이와 읽고 서평하는 이. 읽지 않고 서평하는 이들
중 일부는 인터넷 서점 서평란에 별 하나를 매기며 사회에 대
한 불만을 '서평'이라는 루트를 통해 드러내는 것도 같다. 하지
만 이것은 우리가 제어할 수 있는 영역이 아니니 상관하지 말
기로 하자.

그러면 책을 읽고 서평하는 이들은 어떨까. 그들에게는
자기 돈과 시간과 열정을 투입했으니 어떤 의견이든 자유롭게
말할 권리가 있다. 그래서 많은 작가가 '이제 작품은 내 손을 떠
났다. 독자들을 만나면서 이 책은 유기체처럼 자기 몸집을 부
풀릴 것이며, 나조차 알지 못했던 의미들을 독자가 발견해줄
것이다'라는 기대를 품는다. 하지만 지적 수준이 높은 독자든
상대적으로 그렇지 못한 독자든, 독자들이 책의 의미를 좌지우

지하는 것에 대해 많은 저자는 불편해하기도 하고, 참지 못한 채 글로 의견을 드러낸 것도 적잖이 있다.

일본의 사상가 후지타 쇼조는 그중 신랄한 편에 속한다. 그가 비판하는 타깃은 대중 독자라기보다는 전문 연구자나 편집위원 들이다. 그는 〈전통과 현대〉 1978년 11월호에 실린 이치무라 히로마사市村弘正의 「도시의 변두리」를 읽고 '이런 걸작이 있다니' 하며 감탄한다. 그가 보기에 문장의 긴밀도, 주제의 선명도와 일관성, 증명 자료의 풍부함, 인용문의 적확성 이 네 가지 요소가 완벽히 갖춰졌기 때문이다. 그런데 〈전통과 현대〉는 이 논문을 싣기만 했을 뿐 단 한마디의 언급도 없었고, 대신 (쇼조가 생각하기에) 별로 가치 없는 작품에 특집을 마련해 떠들고 있었다. 이에 쇼조는 앞으로 히로마사의 논문을 읽게 될 독자들이 얼마간 무지할 거라고 상정하며 글을 한 편 써나간다.

> (히로마사의 글에서는) 여러 연구들에 대해 착실한 취사선택이 이루어지고 있다. (…) 그러한 억제를 무지로 오인하는 자가 있다면 이는 '읽는 법을 모르는' 구제 불능이라고밖에 할 수 없다. (…) 그의 문장이 '지사志士'의 정치 운동을 생략하고 그 간결한 제1장에 이어 급작스레 메이지로 뛰어들면서 (…) 이러한 전개를 두고 단편에서 단편으로 건너뛰는 징검돌의 나열로 보는 범속한 '연구자'가 있다면, 그 '연구자'는 더 이상 독자로서조차 제대로 된 한 사람분의 역량을 지니지 못한다고 해야 할 것이다. [41]

히로마사는 몇몇 인용으로만 자신의 연구 근거를 확보해나가는데, 독자들이 그 생략 기법을 눈치채지 못하리라 거의 확신한 쇼조는 "방법적 징검돌이 하나의 예술이며" "여기서 새로운 전체상의 탄생이 가능해"진다고 독자들에게 미리 귀띔하며 주의를 준다.

소설가 아모스 오즈도 독자를 향해 묵은 한을 풀어놓은 적이 있다. 블라디미르 나보코프의 『롤리타』를 읽고 작가 자신이 소설 속 주인공과 같은 성적 욕망을 가지지 않았을까 궁금해하는 부류의 독자 때문이었다. 오즈는 자신의 소설 속에서 오늘날의 독자들을 비판하는 데 몇 페이지나 할애한다.

> 나쁜 독자가 와서 내가 쓴 책의 껍질을 벗기라고 요구한다. 자기를 위해 내 손으로 포도를 쓰레기통에 던져 넣고 단지 씨만 대접하라고 요구한다. (…) 그가 어디에 이르렀단 말인가? 진부하고 낡고 오래된 도식으로 바싹 마른 어구들, 즉 나쁜 독자가 이미 오래전부터 알고 있던, 그래서 익숙한 것에 이른 것이다. [42]

대부분의 소설이 작가의 자전적 이야기와 생각에서 비롯된 것은 맞다. 그럼에도 작가가 애써 구축한 하나의 허구의 세계, 실재에 맞먹는 상상의 세계를 일부 독자들은 자신의 좁은 상상력 속에서 자꾸만 '현실'로 여기고 싶어 한다. 그럼으로써 독자는 점점 더 가난하고 메마른 존재, 그 바깥을 꿈꾸지 않는 현실적인 존재가 된다는 것이 작가들의 불만이다.

독자들은 저자가 책 제목에서 풍기는 이미지와 달리 예기치 못한 세계로 자신을 데려다 놓으면, '제목을 보고 속았다'고 말한다. 다행히 그중에는 '하나의 책이 아닌 교차 독서를 통해 피상적으로 알고 있던 그 세계의 여러 면을 다양한 주제에 걸쳐 보게 해주었다'며 책 제목보다 더 풍성하게 의외의 세계로 진입한 것에 대한 기쁨을 드러내는 독자도 있다. 프리모 레비도 그런 독서 경험을 한 적이 있는데, 그는 레몽 크노의『짧은 휴대용 우주생성론Petite cosmogonie portative: poème』을 읽고 글쓰기에 대한 자신의 확고한 신념을 약간 보류하기도 했다.

레비는 평소에 모름지기 글이란 질서 정연하게 써야 한다고 생각했다. 독자들이 최소한의 노력을 기울여도 이해 가능하도록 써서 최대한의 독자들을 확보해야 한다는 것이다. 하지만 크노의 비범한 책을 읽은 그는 약간 생각을 고쳐 독자를 두 부류로 나누게 된다. 산만하고 교양 없는 독자 그리고 지적 유희를 즐길 줄 아는 인내심 있는 독자. 레비는 비범한 책은 대체로 모든 독자를 위한 것이 아니라면서 즉각적인 즐거움에만 몰두하는 독자들이 크노의 책을 손에 쥐면 곧 놓게 될 것이라고 말한다. 한편 레비 자신은 크노의 책을 읽으면서 마치 롤러코스터를 타고 내려가는 듯한 현기증을 느꼈다며 이를 극찬했다.

소설가 이탈로 칼비노는 크노의 또 다른 좋은 독자로, 칼비노는 크노의 책에「『짧은 휴대용 우주생성론』의 짧은 안내서」라는 글을 덧붙인 적이 있다. "그의 주석은 (…) 안내와 경애심으로 문제들을 해결하고자 애쓴다. (…) 안내, 그렇다. 독자들을 속이지 말자. 인내심을 요하는 책이다. 독서에 적잖은 대가가 따른다. 문헌학자의 자세로 칼비노는 원천까지 거슬러 올라가 크노의 친구인 생물학자 장 로스탕의 주석을 찾아보고 박물학자들과 화학자들에게 질문했다."[43] 인내심 있는 독자인 칼비노는 주석의 근원까지 파고들다가 질문을 던졌고, 마침내 그 미궁 속에서 뛰어난 시적 영감을 얻어 성찰할 거리를 손에 쥘 수 있었다.

사실 레비의 관점과는 달리 책의 독자는 크게 두 부류로 나눌 수 있을 것이다. 거칠게 말하자면 저자이면서 동시에 독자인 이들과 일반 대중 독자로 분류할 수 있다. 그래서 마르셀 프루스트는 작가와 일반 독자 들이 좋아하는 책은 명확히 다르다고 말했다. 작가들은 오로지 고전주의 작품만 읽고, 대중은 낭만주의 작품을 읽는데, 작가들은 대중이 쉽게 접할 수 있으며 그들에게 욕망을 불러일으킬 수 있도록 작품을 써야 한다고 생각하기 때문이다. 즉 작가들이 플라톤, 호라티우스, 오비디우스, 타키투스를 읽을 때 대중 독자들은 알퐁스 도데를 읽는 식이다.• 작가들은 일단 독자보다는 한발 앞서 있어야 하고 어느 주제에 대해서든 더 뛰어나야 한다. 왜냐하면 작가는 독자가 이제 막 음미하기 시작하는 새 책들에 대해 이미 연구와 고찰과 창작을 끝내놓고, 다음 주제로 넘어가 새 작품을 준비하고

읽는 직업

• 그래서일까. 작가들 중에는 동시대의 범속한 책을 읽는 것이 부끄러워 숨어서 읽는 경우도 많다. 닐 게이먼은 떳떳하지 못한 기분으로 해리 스티븐 킬러의 작품들을 탐독하며, 리나 더넘은 램 다스나 디팩 초프라 같은 영적 자기계발서를 남몰래 읽는다고 했다.

있기 때문이다. 작가에게는 속속들이 파헤쳐서 약간 진부해진 주제가 독자에게는 난생처음 읽는 새로운 문장들로 다가온다.

　　이제 작가는 다양한 층위의 독자를 만나야 하는 상황이지만, 그래도 독자가 때로는 '침묵'할 줄도 알고, 어쨌거나 책을 잘 읽어주기를 바라게 된다. 자신들이 찾았던 바로 그 이상적인 독자를 만나길 원한다. 말하자면 독자가 책을 한 권 구입했다고 해서 소비자로서 권리를 행세하기보다는 마치 프루스트처럼 조금 더 시간을 갖고 읽어보면서 호감을 가져주길 바라는 것이다. 프루스트는 테오필 고티에의 『에스파냐 여행Vaije por España』을 읽으면서 고티에는 그저 센스 있고 착한 젊은이에 지나지 않는다고 말한다. 그런데 말은 그렇게 하면서도 고티에를 좋아한다. 작가를 좋아할 때 그가 꼭 훌륭해야만 좋아할 수 있는 것은 아니라면서.

　　그의 영적인 능력이 대단하지 않다는 것을 안다. 『에스파냐 여행』에서 각 문장은 의심할 바 없이 작가 개인의 우아함과 명랑함을 강조하고 추구하지만 (…) 어떤 형태든지 반드시 묘사하지 않고는 지나치지 못하는 성격은 그 자체를 진정한 예술과는 동떨어지게 만든다. (…) 우리는 그의 무미건조한 상상력에 안타까움을 표하고 (…) 하지만 (…) 우리는 활기찬 이 친구의 모험을 기꺼이 뒤따른다. 그는 너무나 호감 가는 사람이어서 그 주변의 모든 것들도 그렇게 느껴지도록 만든다. **44**

175

예컨대 독자가 몰리에르를 읽고 정말로 재미없다고 생각한다면, 그에게는 그 책장을 덮을 권리가 있다. 몰리에르와 함께 있는 시간이 하품을 연발하게 만들면 그는 더 이상 내게 고귀하거나 흥미를 끌 만한 존재가 아니라고 생각하면 되는 것이다. 즉 독자는 때로 책을 책꽂이에 처박아둠으로써, 즉 침묵함으로써 자신을 지킨다. 나와 작가는 침묵함으로써 서로의 세계를 침범하지 않고 자기 식대로 살아가면 되는 것이다.

또 어떤 독자들은 말하지 않고(즉 침묵하는 가운데) 상상력을 발휘하면서 작가의 상상력을 보충해나간다. 그래서 밀란 쿤데라는 독자의 상상력이 작가의 작품을 완성해나가는 하나의 요소가 됨을 강조한 바 있다.

독자는 스스로 무지하다는 것을 인정해야 할 시점에 맞닥뜨리기 마련이다. 글 쓰는 이는 모든 것을 설명하지 않는다. 그리하여 한때 정신의 귀족이라 불렸던 작가들조차 독자로서는 '지적 평민'으로 남아 있던 적이 얼마나 많은가. 즉 아무리 천재적인 독자일지라도 드넓은 책의 바다에서 지적 평민이란 꼬리표가 언제든 자신한테도 붙을 수 있음을 잊지 말아야 한다.

읽는 직업

20대 때 내 책꽂이에는 박완서와 이문열의 작품이 없었다. 황석영과 신경숙은 읽었지만 은희경과 성석제도 읽지 않은 채 그 시절을 지났다. 대신 플라톤의 『국가』, 아리스토텔레스의 『정치학』, 마르크스의 『자본』, 칼 폴라니의 『거대한 전환』을 읽었다. 뒤의 책들이 앞의 책들의 부재를 채울 수 있을까. 그렇지는 않을 것이다.

이름 있는 작가들의 책을 읽지 않은 것을 떳떳하게 밝히기는 힘들다. 그건 흉이 아니라고 말하는 사람도 있겠지만, 적어도 '결여'라고 할 수는 있다. 30대에 『색채가 없는 다자키 쓰쿠루와 그가 순례를 떠난 해』 등 하루키 책을 몇 권 읽은 나는 다른 사람들처럼 그 작가에게 큰 흥미를 느낄 수 없었다. 청춘

177

을 관통하는 성장담을 담은 그의 소설을 읽으며 이미 조금 지난 청춘 시절의 마음과 고민을 되살리기는 어려웠고, 10~20대에 느꼈을 법한 감정을 지금에 와서 고스란히 회상하며 읽을 순 없었다.

누구나 뒷북을 치지만 사실 뒤쫓는 자의 감정은 자신의 무지에 대한 후회로 인해 유쾌하지만은 않다. 독서에서 뒷북을 치는 사람은 어렸을 때 책을 무작위로 읽은 사람보다 조금 더 체계적으로 계보와 지도를 그리며 접근할 수 있을지는 몰라도, 앞선 이들이 제때 느꼈던 감정을 똑같이 느끼기는 힘들다.『도둑맞은 가난』『부끄러움을 가르칩니다』등 박완서의 단편들을 최근에 읽은 나는 그의 작품을 읽지 않았던 지난날을 후회했다. 가난을 그리도 잘 그려낸다는 것*, 그 안에서 현실과 부딪히며 살아남는 여성들은 열렬히 빠져들 만한 인물들이었다. 작가는 최근까지도 생존해 있었고, 내 주변이 온통 박완서 작가 이야기일 때도 나는 그의 작품을 모른 채 무심하게 이야기들을 겉돌며 전해들은 셈이다. 과거의 나태함을 드러낼 뿐이니 이들 작품에 대해 이제 와 뭘 좀 안다는 듯이 이야기하기는 힘들다.

이문열의 수많은 작품 중 저서도 아닌 그가 평역했다는 『삼국지』만 읽은 나의 젊은 시절은 얼마나 편협하고 빈약한가.

---

* 문학은 가난을 주제로 삼기 마련인데, 체호프나 고골 등 러시아 문호들이 그려내는 가난과 중국 논픽션 작가들이 묘사한 가난만 알았던 나는 뒤늦게 박완서의 작품에서 내가 찾던 가난을 만나게 되었다.

여기서도 필요에 따라 취사선택한 독서가 얼마나 폭 좁은 것인지 드러난다. 어쩌면 독서의 유용성이란 현실적인 필요에 따라 읽기보다 오히려 자기 취향과 욕구를 억누르고 작가의 대표작으로 직진해서 들어갈 때 더 크게 발휘되는 것인지도 모른다. 특히 취향이란 대부분 좁기 마련이라 자기 발목을 스스로 잡을 때가 많다. 이문열의 문체는 지금까지도 모범적 케이스로 사람들 입에 오르내린다. 지난겨울 누군가와 만나 글쓰기에 대해 이야기하던 중 이문열의 글쓰기 운율은 전범으로 삼을 만하다는 의견이 나왔다. 하지만 아직『사람의 아들』조차 읽지 못한 현세대가 직면한 딜레마는 무엇일까. 지난 20여 년간 그의 작품보다 신문 인터뷰 등에서 발언해온 정치적 입장을 훨씬 많이 접해온 젊은 세대는, 더욱이 그와 정치적 입장이 다른 세대라면 순수한 독자로서 그의 작품을 읽을 수 없을 것이다(중국의 모옌이나 페루의 마리오 바르가스 요사 등도 우파라는 색채가 강해 작가와 작품을 완전히 떼어놓고 보기 힘들다). 지금에 와서 그의 작품을 꼭 한 권만 읽는다면, 무엇을 어떻게 읽어야 할까.

　　나는 일찍이 미투 운동을 통해 드러난 고은의 실체를 알지 못한 채『만인보』와『1950년대』를 읽었는데, 그것을 다행이라 할 수 있을까. 지금의 20대는 아마 그의 작품을 집어들려 하지 않을 것이다. 누구에게나 도덕적 결핍은 있고 작가들에게는 그 점이 조금 더 너그럽게 용인되던 시절이 있었다(그러나 예술이 도덕과 구분되어야 한다는 것과 작가들에게 윤리적 결핍이 있어도 된다는 것은 전혀 다른 이야기다). 여하튼 그들은 한 시대의 상위 체계를 구성했을 뿐이고, 그것은 어제의 세계다.

많은 작가가 노년에 예상치 못한 경로를 걷는다. 본인도 젊었을 때는 자신이 그리될 줄 생각지 못했을 것이고, 독자들 또한 그들이 그런 노인이 되어갈 줄은 상상도 못 한 채 그들의 젊은 시절을 좋아했다. 4년 전쯤, 한때 문단에서 이름을 알렸던 시인 C를 만났다. 그는 젊은 시절 전형적인 실존주의자의 글쓰기를 보였고, 천재의 기운을 반짝이기도 했다. 내가 그를 처음 본 것은 그가 60대에 접어든 모습이었는데, 여러 사람과의 자리에서 맥락과 동떨어진 이야기를 자주 하는 그를 목격하게 되었다. 젊은 시절의 총명함은 온데간데없었고, 세상은 마치 그를 따돌리고 있는 듯 보였다. 방 안에 사람은 가득한데 그는 그 안에 홀로 격리되었고, 누구도 그의 시선과 목소리를 받아주지 않았다. 한때 빛나던 모습과 현재 빛바랜 모습의 간극을 목격한 이들은 예전 모습을 어떻게 추억하거나 폐기해야 할까. 그를 만나는 지금의 청년들은 아마도 그의 작품을 읽지 않을 것이다. 나는 일찍이 그의 작품을 읽었으니 다행이라고 해야 할까, 아니면 나의 견해를 수정하며 그를 지워버려야 할까. (여하튼 둘 중 하나를 선택한다면 작가의 삶과 사유가 절정에 달했을 때 작품을 놓치지 않는 게 나아 보인다.)

만약 조금 더 밀접하게 작업을 함께하거나 같은 조직 안에 몸담는다면 이런 문제는 더욱 심각하게 고려해야 한다. 노년의 한 작가와 작업을 하던 중 그의 독특한 작품 세계와 문체를 좋아함에도 불구하고, 현재 주 독자들과 정치적 견해 및 사회를 바라보는 시선의 격차가 너무 커서 작업을 지속하기가 힘들었던 적이 있다. 몇몇 사람이 뒤에서 말했다. "예전에 그 작

읽는 직업

180

가는 훌륭했다. 하지만 지금은 변했다. 어떤 생각들은 때로 위험해 보이기까지 한다." 반면 기성세대 눈에 현세대는 포퓰리즘에 휩쓸려 다니는 무리로, 때로는 분별력도 모자라 보일 것이다. 과연 누구의 생각이 옳을까? 정답은 없지만, 대체로 이런 형국에서 다수의 노년은 지는 자세를 취한다. 어쨌거나 청년들은 가장 분투하는 세대이고, 맨손으로 미래에 맞서야 하는 존재이기 때문이다.

고전의 반열에 드는 것은 한 줌밖에 안 된다. 대부분의 작품은 그 사유와 문장, 문체가 잠깐 득세했다가 하향세를 그리면서 "하찮은 시체"(하인리히 하이네)가 된다. 한때 시대를 풍미했던 작가들의 작품이 지금은 얼마나 시대착오적으로 읽히는가(특히 젠더 감수성이 결여된 일부 작가들의 작품이 그 당시 관행이고 표준이었다는 것은 쉽사리 변명 거리가 되지 못한다). 한때 반짝였던 작가들의 작품이 시대 흐름과 너무 어긋나버리면 우리는 그의 예전 작품들로 거슬러 올라가 읽을 만한 동기부여를 얻지 못한다. (물론 얼룩진 과거도 과거이고, 그것이 현재를 일구긴 했다. 역사는 그렇게 덧칠되기 마련이다.)

이제 와서야 여러 사람이 과대평가된 작가로 꼽는 이 중 한 명은 헤밍웨이다. 소설가 도나 타트와 존 어빙이 헤밍웨이의 작품들은 신통치 않거나 과대평가되었다고 말한다. 특히 헤밍웨이 문장의 특징인 단문이 마치 광고 문구처럼 짧고 단순하다며 자주 도마 위에 오른다. 하지만 10~20대에 헤밍웨이를 읽은 독자들은 그의 남성다움, 강인함, 전쟁터를 누빈 그의 문학에서 건져 올릴 것이 있다고 느끼고, 자기 삶의 귀중한 시간을 헤밍웨이를 읽는 데 할애했을 것이다.

문학을 읽는다는 것은 무엇인가? 작가가 캐낸 삶의 가치 일부를 자기 삶의 자원으로 삼는 것이다. 따라서 문학을 읽었다는 것은 때로 삶의 요소로 가져왔다는 것과 동의어가 될 수 있다. 혹은 읽음으로써 삶의 결을 보는 시선을 조금 변경한다는 것과 동의어이거나.

사실 책을 읽는 이들은 점점 영악해진다. 그것이 독서의 단점이라면 단점인데, 더 많은 책을 읽을수록 독자로서 순진하고 순수한 상태로 남아 있기 힘들다. 따라서 어린 시절에 읽지 않고 지나온 책들을 성인이 되어 읽기는 힘든 것이고(재발견을 하는 경우도 종종 있지만), 나의 젊은 시절이나 작가의 절정을 지나쳐오면 다시 그 책으로 되돌아갈 기회를 얻기도 힘들다. '모든 것에 때가 있다'라는 상투어는 독서에 가장 잘 들어맞기도 한다.

다시 처음으로 돌아가, 문학을 읽는 대신 정치학책들을 주로 읽어온 것은 정말로 후회할 만한 일인가. (내게 있어서) 어느 정도는 그렇다. 플라톤이든 마르크스든 이상 국가와 유토피아라는 큰 그림을 그렸고, 국가와 사회 차원에서의 철학적 문제 제기들은 결코 가볍게 볼 수 없으며, 충분히 쓸모 있는 독서였다. 하지만 삶의 세부 사항들을 너무 많이 모르고 지나쳤다. 그 시절 옆집 뒷집의 삶은 내 관심 밖이었고, 여러 사상이 함의하는 바와 그에 대한 반론, 정치사회 제도들이 가져다줄 더 나은 세계에만 신경을 쏟다가 진짜 현실에는 꽤 무지했다. 문학이 아닌 다른 텍스트들은 거름망의 구멍이 조금 커서 삶의 세부 사항들을 많이 흘려보낸다.

　　그러니 사회과학에도 더 많은 역사학과 문학이 침투해 전문 분야(전공)가 지닌 편향성을 보충해주고, 문학도에게는 더 많은 역사와 철학, 사회학 등이 읽을거리로 주어져 먼 훗날 사람들이 자기 탓을 하며 과거로 되돌아가고 싶어 하지 않도록 했으면 한다. 이 역시 개인이 스스로 깨닫고 균형추를 맞춰야 할 몫이 더 크긴 하지만 말이다.

두꺼운 책 옹호론

두꺼운 책의 서문에 '실질적인 논쟁과 해결 방안을 접하고 싶은 독자들은 1~2장을 건너뛰고 3장으로 직행해도 된다'와 같은 말을 적어놓는 저자가 가끔 있다. 작가가 쌓아온 탑을 거꾸로 하나하나 해체하며 이해와 분석과 해석을 마친 뒤, 온전한 모습으로 재구축할 독자가 많지 않을 거라고 지레 겁을 먹기 때문이다. 하지만 이는 과도한 친절이거나 소심함일 수 있다. 차라리 "일부 성급한 독자들은 아마도 곧바로 종장과 결론으로 넘어가고 싶어 할 것이다. 이를 막을 수는 없지만 (…) 이해하는 데 어려움을 겪을 것이라는 사실을 유의해주길 당부한다. (…) 당연히 차례대로 쭉 읽어가는 길이 가장 논리적인 진행"[45]이라며, 수백 명의 독자가 나가떨어질 것을 감수하고 한 글자도 빼먹지 말라는 머리말이 더 설득력 있다. 왜 그런가.

1300쪽짜리인 토마 피케티의『자본과 이데올로기』[*]를 예로 들어 이야기해보자. 이 책의 핵심인 '정의로운 소유'를 논하기 위해서 역사적인 사건들과 구체적인 제도를 들어 사건의 논리들을 점검하며, 그 가운데 '폭력적인 위기들의 중개'가 어떻게 개입되었는지를 살펴봐야 한다. 더욱이 논쟁에는 뿌리가 있기 마련인데, 그 뿌리까지 파고드는 계보를 연구하고, 역사로의 긴 우회 과정을 거치다 보면 책은 1000쪽에 다다르게 된다. 그뿐만 아니라 이 책에는 통계자료들이 다수 인용되어 책의 중량을 더하는데, 뺄 수 없는 이유는 역사 연구에서 통계가 때로 인간 직관이나 이성의 무지를 드러내며 더 정확한 앎의 세계로 이끌어주기 때문이다. 피케티는 작금의 가장 첨예한 싸움인 불평등의 완화를 위해서는 역사 인식과 경제 인식을 타자의 몫으로 떠넘기지 않는 게 중요하다고 강조한다. 안 그랬다가는 지난 수십 년간 지적 싸움과 이념 구축에 게을렀던 유럽의 사민주의자들의 사례처럼 세계가 부자들의 손아귀에 간단히 넘어갈 수 있다면서.

작가 탕누어는 오늘날 세계에서 좀처럼 인기가 없는 '명예 옹호론'을 펼치려고 소책자를 하나 기획했다. 오늘날 명예는 '부富'에 의해 완전히 잠식된 탓에 글쓰기의 출발선은 불가

---

[*] 프랑스어 원서는 977쪽이다. 저자는 이것을 최소한의 분량으로 여기며, 독서의 짐을 덜어주고자 본문과 주석에 주요 역사 자료와 준거 자료만 담았다고 밝히고 있다.

피하게 부의 세계를 훑어나가는 것으로 잡았다. 하지만 부의 세계를 드러내려면 애덤 스미스, 마르크스 등으로 거슬러 올라가야 하고, 꼭 그런 사상가들이 아니더라도 일본·중국·동아시아 네 마리 용(한국, 홍콩, 싱가포르, 타이완)의 경제적 성취와 몰락, 그로 인한 천박한 세계의 질주를 묘사하다 보니 본 주제인 명예는 제대로 논의도 못 한 채 벌써 500쪽을 넘어섰다(결국 소책자 기획은 빽빽하고 방대한 책으로 귀결되었다). 처음에는 교환관계라는 단순한 기능을 지녔던 화폐가 뒤도 안 돌아보고 쫓아오는 인간들 때문에 정치와 역사, 문학 영역까지 뒤덮었고 이는 필연적으로 방대한 서술을 낳게 되었다.

　한쪽 방향으로 과도하게 쏠리는 세계의 현상들은 균형추를 맞추려는 작가들을 탄생시킨다. 알다시피 근대의 이성중심주의는 훗날 여러 학자로 하여금 '감정' 영역의 공백을 채워넣도록 이끌었다. 애덤 스미스는 『보이지 않는 손』으로 유명하지만 훗날 『도덕감정론』을 쓰는 데 20년의 세월을 쏟아부었고, 존 롤스 역시 『정의론』에서 '시기심'과 같은 인간의 감정을 부분적으로 (그러나 중요하게) 다뤘다. 뒤이어 마사 누스바움은 훌륭하지만 여전히 몇 개의 큰 구멍이 있는 롤스 연구의 한계를 메우고자 법 영역에서 '감정'들을 본격적으로 다루기 시작했다. 공백의 역사가 길고 구멍이 넓을수록 후대의 보충 작업은 방대해진다. 누스바움은 『시적 정의』에서 "소설 읽기가 사회정의에 관한 모든 이야기를 들려주지는 않을 것이다. 하지만 소설 읽기는 정의의 미래와 그 전망의 사회적 입법 사이에 다리를 놓아줄 수는 있을 것이다"[46]라면서 찰스 디킨스의 『어려운 시절』과 리처드 라이트의『미국의 아들』등을 주 텍스트로 분석한다. 다행히『시적 정의』는 300쪽이 채 안 되지만, 시와 소설과 음악과 미술작품에 대한 논의로 사회정의를 재구축하는 그의 다른 연구들은 두께를 더해간다. 누스바움이『정치적 감정』에서 모차르트의 〈피가로의 결혼〉과 타고르의 소설 및 시를 통해 새로운 세계의 도래를 상상하고, 미술 작품들이 언어는 해낼 수 없는 시민들의 감정 형성에 기여하는 부분을 설명하자 책은 700쪽을 향해 치닫는다. 이처럼 근대와 전근대의 부의 연대기, 혹은 이성중심의 사회가 간과해온 인간 삶의 가치나 풍경 들을 복원하느라 후대의 책들은 점점 두꺼워지고, 따라서 독자는 전보다 더 단단히 책 읽을 각오를 해야 한다.

　　물론 다른 방식으로 두꺼운 책도 많다. 한 건물 안에 거주하는 이들의 삶을 하나하나 이어나가면서 조각보를 완성하는 방식으로 쓰인 조르주 페렉의『인생 사용법』은 744쪽의 거대한 퍼즐이다. 퍼즐은 단순할 수 없다. 미로와 미궁이 기본이며, 복잡할수록 리얼하다. 이 소설을 읽어나가면서 나는 전통적 내러티브의 중심인물도 아닌 9층 17번 방에 살고 있는 거주자가 마침내 퍼즐의 한 조각으로 다른 요소와 맞물리는 것을 보고 입이 벌어져 침을 한 방울 흘렸고, 딱딱한 서술들이 종장에는 독자를 커다란 감정의 물결로 휘몰아 넣는 것을 경험했다.

　　퍼즐 풀기의 또 다른 훌륭한 예는 존 맥피의『이전 세계의 연대기』에서 목격할 수 있다. 영어판 700쪽짜리의 이 책은 그가 연구하는 지구 지층의 연대기처럼 두텁고, 그 지층을 구성하고 있는 돌들처럼 무겁다. 저자는 지층에 쌓여 있는 암석의 메아리를 들으려 시도한다. 미국 대륙을 종횡으로 여행하면서 쓰인 이 책은 긴장과 이완의 세계를 오가며 일상으로부터 벗어난 휴식이 얼마나 값진가를 논하는 보통 여행서 집필의 규칙을 단 한 문장도 따르지 않는다. 지질학자가 아니면서 지질학자처럼 여행하고 싶어 하는 맥피는, "어란석과 백운석, 응회암과 화강암, 페퀍산의 실트암과 셰일"이 모두 그림의 조각들이라며, 여기서 고생물과 화학적 특성, 지각의 움직임, 고환경의 풍경 같은 조각에 얽힌 이야기들의 단서를 추적해나간다. 그에겐 하찮은 게 없다. 가끔 "시간이 흐르면서 우리의 태도를 확립해나가는 동안, 우리는 사라진 생물과 멸종 위기에 처한 생물들에 크나큰 빚을 졌다"와 같이 문학적 풍취가 감도는 문장이 나오는 것은 아무래도 독자가 암석 가루 속에 파묻혀 질식하지 않도록 돕기 위함인 듯하다. 여하튼 그는 이 방대한 서술로 인해 대륙의 큰 그림, 역사, 구조, 구성 요소를 경험하고자 한다. 이는 여느 인문학자들이 거의 시도하지 않았던 방식이다.

즉 기존의 것을 무너뜨리고 새로운 성을 쌓기 위해서는 해체와 보존, 재구축에 들어가는 작가의 의지가 책의 두께와 중량감으로 이어진다. 이것은 베트남전쟁사, 제2차 세계대전사, 한국전쟁사가 계속해서 두꺼워지는 이유다. 브루스 커밍스는 한국전쟁에 관한 책을 여러 권 썼지만, 그중 『한국전쟁의 기원』(전 2권)은 영어판 원서가 1565쪽이며, 아직 미출간인 한국어판은 2000쪽 내외가 될 것이다. 영국의 뛰어난 전쟁사학자 앤터니 비버의 『제2차 세계대전』이 1288쪽인 이유도 전쟁의 본질을 설명하기가 점점 복잡해지는 것과 더불어 그것을 수행하는 '사람들' 이야기를 파고들다가 그리된 것이다. 이 책은 톨스토이의 『전쟁과 평화』(한국어판 2400여 쪽)에 견주어지기도 했다. 즉 인간 서사를 다루는 책들은 더 디테일해지고 디테일은 방대함을 낳는다.

　　물론 연구자가 아닌 일반 독자들은 이런 책을 책장의 오브제로 간주하며, 은퇴 후에 꼭 읽겠다는 각오를 다지기도 한다.● 이런 이들을 위해 서점 매대에는 대개 얇은 책들이 놓여 있다. 개인적인 바람으로는 두꺼운 책들을 '벽돌'이나 '베개'라며 놀리지 않고, 저자들이 다가가려 했던 깊고 넓은 세계에 합류하려는 이들이 최소한 2000~3000명쯤은 있었으면 좋겠다. 요즘 직장을 그만두고 책 읽기에 온전히 시간을 투자해 1년에 300권의 책을 읽었다는 사람들이 꽤 많이 나타나고 있다(아무리 노력해도 나는 그런 속도를 낼 수 없어 가끔 딴 세상 이야기처럼 들린다). 그들이 책을 선택할 때 200~300쪽 이하의 것들만 골랐는지는 모르겠지만, 1년에 대여섯 권밖에 읽지 못하더라도 가끔은 700~800쪽 혹은 1000쪽짜리 책들도 눈여겨보면 어떨까. 그런 책들은 우리를 쉽사리 음식과 휴식과 잠의 세계로 데려다 놓지 않기 때문에 소란스러운 현실로부터 더 잘 격리될 수 있고, 그러한 격리는 우리 세상이 가로막고 있는 상상력을 북돋

● 하지만 은퇴 후에는 시력과 기억력이 쇠퇴할 뿐 아니라 많은 경우 지적 호기심도 줄어, 젊었을 적 자신이 한 결심을 마치 옆집 사람이 한 것인 양 생소하게 여길지도 모른다. 그러니 너무 많이 미루지는 않았으면 좋겠다.

울 뿐 아니라 지적 집적으로 인식의 전환을 일으킬 가능성이
더 크기 때문이다.*

• 나의 경우, 편집하면서 단련된 두꺼운 책 읽기 습관이 사적인 독서로도 이어지는데,
퇴근하면서 그 두터운 다른 세계로 들어가는 것에 대한 설렘 반, 다른 데 한눈팔지 않도록
단단히 마음먹기 반이 필요하다. 페렉, 도스토옙스키, 조이스 등을 그렇게 읽었다. 하지만
나 자신을 속이지는 말자. 조이스는 보르헤스나 에코 같은 작가들의 강한 비판에도 불구
하고 읽고 싶어서 봤으나, 사실을 털어놓자면 200쪽 정도까지밖에 읽지 못했다.

한 가닥 동아줄에 매달린 삶, 그것이 썩은 동아줄인지 아닌지도 모르면서 거기에 매달려 컴컴한 우물로부터 빠져나오려는 이들이 있다. 19세기가 막을 내릴 즈음, 벤트위치는 유럽이 자신의 친모가 아니라 대리모 같은 존재임을 깨달았다. 감옥 같은 게토에서 발버둥 치며 벗어나려는 유대인들을 유럽은 수 세기 동안 품어줬다. 한 줄기 계몽주의의 빛을 비춰주면서. 그러던 어느 날, 그들은 유대인 자식들에게서 지독한 냄새가 난다며 언제든 내치겠다는 광기를 드러냈다.

영국에서 변호사로 성공적인 삶을 일구었던 벤트위치는 자기 정체성을 되찾기 위해 1897년 유럽을 뒤로하고 시온주의의 기치 아래, 고대 유대의 땅으로 향하는 증기선에 몸을 실었다. 약속의 땅을 찾아 나선 그에게 희망적인 삶이 펼쳐졌을까. 안타깝게도 그들은 다음 세기를 잿빛과 핏빛으로 물들일 팔레스타인과의 분쟁 속에서 살아가게 된다. 이스라엘의 역사는 "음침한 태양이 스멀거리는 듯한, 음침한 대양이 일렁이다가 우리를 삼켜버리지나 않을까 하는 공포스런" 날들로 점철되면서, 국민은 "발을 들어 올리면 즉시 누군가가 와서 우리의 작은 땅 쪼가리를 낚아챌지도 모른다"[47]는 공포감에 짓눌려 살았다. 이 이야기는 벤트위치의 증손자이자 이스라엘의 언론인인 아리 샤비트에 의해 쓰인 『약속의 땅 이스라엘』에서 증언된다.

샤비트는 증조부가 유럽의 삶을 등지고 자신을 이스라엘에서 태어나게 한 것에 원망이 없지 않았다. 그는 한편으로는 애정을, 다른 한편으로는 객관적 거리를 취하면서 가족사를 서곡으로 삼고 개인 경험, 심층 면담, 역사 문헌, 일기와 편지 들을 바탕으로 시오니스트 국가의 결정적 순간들을 조명한다. 자기 민족에 대해 지리멸렬하고, 술주정뱅이 같으며, 오합지졸에다 방사능 물질 같은 이념을 품고 있는 이들이라고, 샤비트처럼 말할 수 있는 이는 드물다. 그는 유대인에게서 놀라울 정도의 이중성을 목격한다. "우리는 상상할 수 있는 한 최고로 따분하면서도 껄끄러운 민족이다. (…) 우리는 우리가 이해하지도 못하고 파악할 수도 없는 서사 영화에 출연한 오합지졸이다. 각본가는 미쳐버렸다. 감독은 달아났다. 제작자는 파산했다. 하지만 우리는 여전히 이곳, 성서의 땅이라는 영화 촬영장에 있다."[48]

샤비트는 최대한 자기비판을 하면서 팔레스타인에 슬

프고도 다정한 손짓을 보낸다. 독자는 여기서 이스라엘-팔레스타인 분쟁을 종식시킬 만한 아주 희미한 실마리 하나를 발견할 수 있을지도 모른다. 자신들을 '게워내지는' 존재, '악취를 풍기는' 민족, '가자의 교활한 악惡'이라고 말하는 것은 자민족 중심주의의 국제정치 속에서 한 국민이 취할 수 있는 가장 양심적이고 처절한 시각이다. 이 책을 읽는 독자는 이스라엘인, 팔레스타인인, 유대인의 핏줄이 아니더라도 자신들의 나약함과 뒤틀린 유전자와 수치스런 역사를 극복하려는 국민을 하나의 보편 서사로 받아들일 수 있을 것이다. 재앙을 일상 속에서 겪는 이들의 삶을 상상하면서.

하지만 안타깝게도 이 책을 읽은 국내 독자는 1000명이 채 안 된다. 우리에게 유대인의 삶은 시장에서 오늘 저녁 찬거리를 고르는 것만큼의 관심도 불러일으키지 못하는 너무 먼 나라의 일이기 때문이다. 이는 소국가 사람들의 마인드인가? 밀란 쿤데라는 '소국가 시골티'라는 어휘를 사용하면서 모든 사안을 대세계가 필요로 하는 배경 위에서 관찰할 수도 없고 관찰하려고 하지도 않는 이들에 대해 지적한 적이 있다. 인간은 동정심이 있어야 더욱 진전된 이해심도 생기는데, 눈앞의 일에만 집중하다 보면 정확한 이해와 판별력도 사라지게 된다. 혹시 수많은 한국 기독교인들이 이스라엘에 관심을 갖지 않을까? 이런 마음을 품는 것은 출판인으로서의 섣부른 낙관일 뿐이다. 그들은 젖과 꿀이 흐르는 가나안 땅을 주님의 영토로 회복하는 데 관심이 있지, 오늘날 이스라엘인들의 고아 같은 마음 밭과 국가의 게걸스러움에는 거의 관심이 없다.

출판 시장 상황이 이렇더라도 제국주의, 전쟁, 국가의 문제는 20세기를 관통한 이슈이기에 편집자로서 쉽게 포기할 수 있는 주제가 아니다. 샤비트의 책을 내기 1년 반 전에도 우스키 아키라의 『세계사 속 팔레스타인 문제』를 출간한 적이 있다. 이 책은 오늘날 이스라엘-팔레스타인 문제의 원흉으로 영국을 파헤친다. 영국은 벨푸어 선언으로 팔레스타인 문제라는 성가신 국제 이슈의 씨앗을 뿌렸으면서도 1939년 팔레스타인 백서로 친시오니스트 입장을 백지화한 탓에 시오니스트 유대인들로부터 엄청난 증오를 샀다. 하지만 그 후 이스라엘인들은 영국보다 미국에 더 반감을 갖게 되는데, 이 책은 안개처럼 뿌연 국제정치 문제를 독자들이 조금 더 분명히 윤곽을 확인하면서 바라볼 수 있도록 안내한다. 아키라의 책을 읽는 이들은 어떤 사안들이 단추처럼 작고 납작했다가 눈덩이처럼 부푸는 것을 목격하게 된다. 그것은 산더미같이 쌓이며 커지다가 세계사적 흐름을 구성하는데, 이스라엘-팔레스타인 문제는 이제 웬만한 지혜로는 어찌해볼 수 없는 국면에까지 치달았다. 이는 19세기 이후 근대 국민국가와 국제정치가 가져야 할 본연의 모습을 묻는 문제이기도 해, 이 책을 편집하면서 향후 '이슬람 총서'를 펴내야겠다는 다짐을 하게 했다.

이러한 문제의식은 전쟁, 속임수, 제국주의 그리고 현대 중동의 탄생을 다루는 『아라비아의 로렌스』의 출간으로 이어졌다. 중동이라는 원형경기장에서 가장 중요하고 강력한 영국인 첩보 요원으로, 제1차 세계대전 당시 모든 상황과 긴밀히 연결되어 있었던 T. E. 로렌스. 로렌스의 어두운 면과 심각한 결점을 세밀하게 재건해내는 저자 스콧 앤더슨은 현대의 중동이 난장판이 되어가는 과정을 입체적으로 펼쳐낸다.

이집트 카이로 주재 독일 대사관에서 일하는 문약한 학자 쿠르트 프뤼퍼(영국의 지배에 항거하는 지하드를 부추기는 임무를 맡았다). 저명한 농학자이면서 열성적인 시온주의자 애런 애런슨(그는 '팔레스타인은 잘 익은 열매다. 나무를 조금만 흔들어도 우리 손아귀에 툭 하고 떨어질 것'이라고 여겼다). 몰락한 귀족 집안 출신의 미국인으로 스탠더드오일사의 하수인인 윌리엄 예일(거대한 유전을 차지하기 위해 중동 곳곳을 탐험한다). 그리고 앞으로 다가올 모든 상황과 연결될 첩보 요원 로렌스. 이 네 명의 사내가 서로 속고 속이며 뒤엉켜 싸우는 비극적인 사막 전쟁을 다루는 이 책은 현대 중동이 어리석음 속에서 탄생했음을 알리며 기존 통념을 뒤집는다.

위에서 언급한 모든 책을 관통하는 메시지는 과거의 어리석음이 현재의 고통을 낳는다는 것이다. 또한 국가의 게걸스러움이 최대치로 발현될 때 얼마나 인류에 막대한 피해를 입히는지 보여준다. 낚싯바늘을 드리우며 기다리는 제국주의자들, 경쟁에 혈안이 된 국가들이 부주의하게 만들어낸 사건들이 우리가 읽어야 할 역사라는 게 안타깝기도 하다.

하지만 나라 바깥의 한 발짝 들어간 주제를 다루는 책들은 겨우 1000권만 팔린다. 이는 바로 옆 나라 이야기일 때도 마찬가지다. 그들 땅의 공기와 물이 우리 입속에 들어오고 피부 속으로 침투해도 이는 대중의 앎에 대한 욕구로 쉽게 연결되지 않는다. 『산산조각 난 신』은 와나타베 기요시가 일본 제국주

를 정면으로 비판한 책이다. 이 책이 가치 있는 점 가운데 하나
는 일반 국민이자 사병으로서 국가를 비판한 사례가 드물기 때
문이다. 기요시는 1942년 열여섯 살의 소년병으로 일본 제국
해군에 자원입대했으나 곧 전쟁터에서 천황과 일본 제국의 실
체를 깨닫기 시작한다. 패잔병이 되어 돌아온 뒤 그는 자기 심
정을 이렇게 써내려갔다.

> 천황이 사는 궁성에 달려가서 몽땅 불을 질러버리고 싶
> 다. 해자 위의 소나무에 천황을 거꾸로 매달고서, 우리가 함
> 내에서 당했던 것처럼 떡갈나무 몽둥이로 엉망진창이 되도
> 록 패주고 싶다. 아니 그 정도로는 부족하다. 할 수만 있다면
> 해전이 벌어졌던 현장으로 천황을 끌고 가서, 바다 밑바닥
> 에 질질 끌고 다니면서, 그곳에 누워 있을 전우들의 무참한
> 주검을 보여주고 싶다.[49]

우리가 1945년 8월 15일을 잊지 못하는 것처럼 일부 일
본 국민들에게도 그날은 잊을 수 없는 날이다. 기요시는 그날
부터 비렁뱅이 같은 삶을 연명하며 한 발짝도 앞으로 나아가지
못한다. 천황한테 속은 것이지만 오히려 화살을 자신에게 돌리
기도 한다. "넌 천황한테 속았다고 하지만, 속아 넘어간 너한테
는 문제가 없었을까."[50] 그는 속은 쪽도 잘못임을 깨닫고 평생
수치스러운 생존자로서 전우들의 위패를 한 손에 쥔 채 살아간
다. 전범 국가 국민의 기록이어서일까. 전쟁이 한 사람의 삶을
짓밟는다는 자성의 내용이지만 1000명이 채 안 되는 소수 독자

의 손에만 쥐어졌다.

『소와 흙』은 2011년 일본의 3.11 후쿠시마 원전 사고 문제를 취재한 굉장히 모험적인 르포르타주다. '동물 문학'이라고도 일컬을 수 있는 이 책은, 피폭당하더라도 본인이 책임을 진다는 전제하에 일주일에 한두 차례씩 고방사선량 지역으로 들어간 농민들의 이야기를 담고 있다. 이들은 국가가 '제1원전에서 20킬로미터 내에 있는 가축들은 모두 죽이라'고 한 말을 어기고 '내 몸의 피폭은 내가 알아서 감수하'며 소를 키우겠다고 옛 터전으로 돌아갔으며, 저자 역시 이들을 쫓아 오염 지역에 들어갔다. 방사능의 반영구적인 공포에 짓눌린 채 살아가는 비참함과 그것을 견뎌내는 강인함을 지닌 사람들. 그들은 소와 함께 피폭의 산증인이 되는 것, 이야기꾼이 되는 것에서 자기네 삶의 의미를 찾아내고 있다.

비록 일본 국민 일부의 삶일지언정 우리 피부에 닿을 듯 직접적인 영향을 미치고 있고, 재난이 일상화된 시대의 인간 실존에 대한 감수성을 건드리고 있다. 모두 국가가 만들어낸 부조리한 드라마이기도 하며, 이 책들을 쓴 이들이 마련해준 렌즈는 무경험자들이 경험자로부터 얻어낼 수 있는 최대치의 이야기를 보여줄 것이다. 이들 모두 21세기를 어느 정도 예언하며 경고하는 절박한 목소리인데, 딱 1000명의 독자만 빼고는 이들 증언에 귀를 잘 기울이지 않는다. 그리하여 이런 책을 만들고 나면 딱 천 마리의 학만 접어 선물한 듯한 기분이 든다. 학을 더 이상 접을 수 없는 것이 못내 안타까운 것은 물론이다.

복간의 모험

케냐에서 태어나 유년기를 그곳에서 보낸 리처드 도킨스는 엘스페스 헉슬리Elspeth Huxley, 1907~1997의 『붉은 이방인Red Strangers』을 복간시키도록 출판사를 설득한 적이 있다. 그가 보기에 이 책은 영어로 쓰인 훌륭한 소설 가운데 하나인데, 문학인들이 이 책을 주목하지 않은 것이 너무 한탄스러웠던 것이다. 그리하여 2006년 미국 펭귄북스에서 재출간되었고 당연히 도킨스는 이 책의 서문을 써주었다. 펭귄북스의 편집자들은 아마 크게 고민하지 않았을 것이다. 세계적으로 저명한 과학자가 입소문을 내고 추천사도 써주니 최소한 손해는 보지 않을 거라는 전망이 서기 때문이다. 하지만 복간을 결정할 때 대부분의 편집자는 우유부단하게 망설이다가 빠르게 '포기'로 돌아선다.

지금도 나는 『인간의 내밀한 역사』를 쳐다보고 있다. 저자 시어도어 젤딘은 희로애락의 좁다란 자기감정, 풍부하지 않은 과거 경험, 박힌 돌처럼 단단히 뿌리내려 비천한 가문 바깥으로 잘 벗어나지 못하는 인간들에게 '왜 귀를 막고 있어? 이웃집 아주머니가, 선생이, 옆집 여자가 상상력의 보고일 수도 있는데?'라고 반문하며 이 책에서 대담한 여정을 펼친다. 그는 태생의 뿌리는 무겁고 질긴 것이니 '내가 먼저 세상 사람들을 만나보고 이야기를 들려줄게'라며 18개국에서 잡초같이 흩어져 있는 강인한 삶의 주인공들을 만나 새로운 역사서를 써나간다.

책의 첫 번째 인터뷰 대상자인 줄리엣의 삶은 침묵에 갇혀 있다. 남의 집 허드렛일을 하는 쉰한 살의 그녀는 여러 집주인들과 매일 접촉하지만, 주인들은 줄리엣의 삶에 시선 한 번 주지 않는다. 그들은 서로가 살아가는 방식과 과거에 대해 노코멘트로 일관하면서, 말했으면 더 좋았을 것들을 침묵으로 감싼다. 그리하여 만남은 있을지언정 누구도 울타리 밖의 세상으로 줄리엣이 나오도록 권하지 않았고, 줄리엣은 새로운 공기를 들이마시지 못한 채 손바닥만 한 자기 경계 안에서 삶을 소비한다. 그녀가 어찌 해볼 도리 없이 잿빛 인간이 된 이유다. 젤딘은 이 대목에서 대화의 귀재인 소크라테스를 불러낸다. 세계를 여행하면서 만난 숱한 이야기를 품고 있는 여성들이 그에게는 환생한 소크라테스나 다름없었기 때문이다. 이런 식으로 저자는 세계 70억 인구를 영혼의 동료로 삼아 직접 그들 내면으로 여행하기를 시도하면서 독자들을 그곳에 데려다놓는다.

『인간의 내밀한 역사』는 그러나 강 출판사에서 2005년

복간의 모험

에 출간되었다가 오래전 절판되었다. 알랭 드 보통은 한 인터 뷰에서 "역사의 큰 주제를 개인의 요구와 연결시키는 게 아름 답다"며 젤딘의 책을 젊은이들이 꼭 읽길 바란다고 추천한 적 이 있다. 게다가 이 책은 스베틀라나 알렉시예비치의 목소리 소설처럼 무명의 인간들의 목소리를 생생하게 들려주면서 미 학적이기 그지없는 문장들을 얽어나간다. 그래서 책을 복간하 고 싶지만 아직 결정을 내리지 못했다. 이유는 복간이 모험을 요구하기 때문이다. 즉 독자들에게 한번 외면받아 절판되었는 데, 되살려낸다고 독자들이 찾으리라는 장담을 할 수 없기 때 문이다(먼저 출판한 곳의 편집자가 내린 합리적 판단을 무시하고 강 행할 것인가).

한 선배 편집자에게 전화를 걸어 상의했다. "젤딘의 책 을 복간하고 싶은데 어떻게 생각하나요?" "젤딘처럼 연구하는 사람이 드문 데다 사실 알렉시예비치보다 더 뛰어난 면도 있고 『인간의 내밀한 역사』는 정말 좋은 책이라고 보지만, 복간은 조금 위험하다." 여전히 미련을 못 버리면서도 선뜻 결정하지 못하고 있는 이유다.●

그럼에도 불구하고 복간의 위험을 무릅쓴 적이 몇 번 있 다. 칼 쇼르스케의 『세기말 빈』은 구운몽에서 2006년에 출간 됐다가 다시 모회사인 생각의나무로 옮겨 2007년에 재출간됐

읽는 직업

● 글을 쓴 이후 복간을 결심하고 강 출판사에 판권을 재계약할 예정인지 물었으나, 어크 로스 출판사에서 판권을 소유하게 되었고 2020년 9월 출간되었다.

고, 2010년에는『비엔나 천재들의 붉은노을』로 제목을 바꿔 다시 한번 출간됐다. 이후 생각의나무가 부도를 맞아 절판 수순을 밟았다. 하지만 지성의 용광로였던 세기말 빈을 다룬 이 책은 지적 욕구를 지닌 이들에겐 성지 순례의 대상이 될 만하다고 여겼다. 나는 2013년 11월 이 책의 역자에게 연락해 재출간을 의뢰했고, 해외 출판사와 판권 계약을 맺어 2014년 여름에 복간했다. 아쉽게도 이 책은 현재까지 1200부만 팔렸다.

데이비드 하비의『모더니티의 수도, 파리』역시 과감하게 복간을 결정한 책이다. 하지만 해외 출판사는 선인세를 3000달러 이하로 낮춰주지 않았고, 이후 인세 역시 신간과 똑같이 요구했다. 이렇게 복간을 결정할 때는 많은 것을 감수할 수밖에 없다. 게다가 원서 대조에만 수개월이 걸렸던 터라 이런 점을 감안하면 복간 결정이 맞았던 것인지 지금에 와서야 되짚어보게 된다.

2020년 봄에는 수전 올리언의『도서관의 삶, 책들의 운명』을 읽고 원고의 흡인력 때문에 현대문학에서 펴냈다가 절판된『난초 도둑』판권을 다시 알아보기로 마음먹게 되었다. 또 한 선배에게 이 결정에 대한 의견을 물었다. 그의 답변은 "좋은 책이지만 복간은 하지 말라"였다.

물론 무모한(?) 복간 결정이 예상치 않게 좋은 결과로 이어진 적도 있다. 법학자 한동일의『법으로 읽는 유럽사』는 2016년 가을 저자로부터 복간 의뢰를 받았다. 아주 진지한 학술서였지만, 국내에서는 희귀한 연구라 복간되어 마땅하다고 생각했다. 판매 목표를 1000부로 잡고 복간을 결정했는데, 저자가 갑자기 『라틴어 수업』으로 이름을 널리 알리면서 예상을 훨씬 웃돌아 약 8000부까지 판매되었다(저자는 다른 출판사 몇 군데에도 복간 의뢰를 했는데 모두 거절당했다고 한다).

세계문학이 출판시장을 휩쓸어 자국 문학의 한계에서 벗어났던 시기, 이론이 현실보다 더 치열한 쟁투를 벌였던 시기, 출판이 활황이어서 건물도 세우고 좋은 책도 건물 높이만큼 쌓아두던 시기가 지나가자 수많은 책이 지하 세계에 파묻혔다. 절판의 벽은 책을 구하려는 이의 열정보다 훨씬 두터워 몇몇 절박한 사람들이 그러듯이 나도 출판사에 직접 전화해 반품 재고를 문의하거나 도서관에서 책을 빌려 복사하거나, 중고책 사이트에서 고가에 구입한 경험들이 있다(특히 고가에 사들이면 돈 몇 푼에 모욕당한 느낌이다). 한 명의 독자로서 이런 행위를 할 때는 자책과 타인에 대한 약간의 원망이 뒤따른다. '그 많은 작가, 편집자가 일찍이 읽고 역사의 뒤안길로 사라진 것을 나는 왜 이제 와 뒷북치며 읽으려 하는가' '왜 한국의 독자들은 좋은 책을 외면해서 이런 사태를 초래하는가.'

편집자가 되자 입장은 180도 바뀌었다. 첫째, 아무리 좋은 책이라도 1년에 주문이 100권 이하로 들어오면 절판시킨다. 우리도 통상 계약 기간인 5년이 지나 절판시킨 책이 여러 권 있다. 하지만 저자나 역자는 "주변에서 책을 찾는데 없다고 불만이 크다"며 확증 편향의 견해로 복간해달라고 요청한다. 그들의 지인은 한두 명의 독자일 뿐이지만 목소리는 마치 열 명처럼 크다. 그리하여 '속지 않는다'고 다짐하며 계산에 근거해 때때로 절판 결정을 내리지만, 다른 출판사에서 나온 좋은 책이 절판되면 단호한 분별력은 온데간데없이 사라진다. '저 책은 사라질 만한 게 아닌데. 복간하면 잘될 수도 있을 텐데.'

편집자는 칼 같은 판매자의 마음을 견지하기도 하지만, 일할 때도 머릿속은 독자라는 자아와 분리되어야 함을 잊은 채 자기가 읽고 싶은 책을 향해 내달린다. 시장에서의 퇴출을 목격하고도, 연민·정의·근거 없는 자신감에 휩싸여 마케터의 마인드는 한쪽으로 미뤄두게 된다. 그러고는 전화를 건다. "절판된 선생님의 책을 복간해보겠습니다."

한 소장학자는 "절판된 책을 복간시키는 지원 제도가 있으면 좋겠다"고 말한 적이 있다. 음식에는 유통기한이 있고 책은 5년이라는 계약 기간이 있지만, 그건 의무 계약 기간일 뿐 유통기한은 전혀 아닌데도 마치 그런 식으로 취급되는 게 안타까웠던 것이다.

꽤 오랜 기간 편집자였던 탕누어는 이사야 벌린이 '19세기의 가장 위대한 자유주의의 책'이라고 추앙했던 알렉산드르 게르첸Alexander Herzen, 1812~1870의 『과거와 사색My Past and Thoughts』(1870)을 어떤 편집자가 천신만고 끝에 펴내더라도 타이완 출판 시장에서는 300권 이상 팔지 못할 거라고 단언했다. 편집자들이 느끼기에는 대담한 일이겠지만, 그 일이 세간의 주목을 받거나 칭송받을 일은 전혀 없을 거라는 얘기다. 즉 복간을 각오하는 편집자는 외롭고 조용하며 묵묵하게 큰 대가를 바라지 않은 채 1000명 아래의 독자들을 위해 이 일을 벌일지 말지를 고민해야 하는 처지에 놓여 있다.

같이 늙어가는 편집자, 저자, 독자

　　40대 중반인 나는 가끔 나이 든 편집자들을 보며 '조만간 나도 저 부류에 들겠지'라는 생각을 한다. 하지만 아직 세계를 상대로 싸우고 거기서 성과를 얻어내며 새로운 유희 거리를 찾는 나는 그들이 퇴근해서 밤 시간에 책을 거의 읽지 않고 주말에도 산보나 등산만 하는 것을 마냥 부러워하지 않는다. "안압이 높아지고 눈이 빠질 것 같아 주말에 한두 시간 책을 보는 게 최대치"라는 신체적 변화의 토로를 듣고 처음에는 크게 놀랐는데, 왜냐하면 그것은 자신의 직업과 본분을 정면으로 위배할 수밖에 없는 변화이기 때문이다.

　　인문 출판사 교유서가의 C 편집자는 1년 뒤면 예순으로 정년퇴직을 한다. 30여 년을 오직 편집·기획만 하다가 정년을 맞게 되었는데, 이는 출판계에서 매우 드문 일이다. 마흔 정도까지만 편집을 하다가 이후 그림을 그리겠다고 떠난 전 돌베개 편집장, 마찬가지로 그 즈음 퇴직해 자전거가게를 운영하고 있는 전 생각의나무 편집장을 보면 마흔은 편집자들이 기로에 서는 나이 같다(일찍이 '계界'의 바깥으로 사라진 두 편집장은 용감했던 것일까, 출판계에서 자기 미래를 내다보기 힘들었던 것일까). 얼마 전 쉰의 문턱에 들어선 한 편집자가 다니던 회사에서 퇴직했는데, 알고 보니 당뇨가 그의 체력을 고갈시키고 있었다. 산업화 시대의 노동자들처럼 체력을 소진해 허약해지다가, 만성질환을 앓게 되는 것은 편집 노동자도 마찬가지다.

창업을 해서 대표가 되거나 이사급까지 승진하지 못한 편집자들은 쉰 살 전후로 가시적 세계에서 사라지곤 한다. 그러니 임원급이 아니면서도 능력으로 버티던 C 편집자는 예외적인 사례다(나는 그가 두통을 방지하기 위해 오전, 오후 20분씩 산책을 하고, 창문을 열어 깊이 호흡하는 것을 여러 차례 봤다). 조금 이른 나이에 퇴직해도 책이 곁에 있으니 청빈한 생활 가운데 독서에 파묻히면 자족스러울 것 같지만, 안압과 두통은 그들을 책에서 떨어뜨려 놓아 어쩌면 '청빈함'(가난)만 남을지도 모른다.

여하튼 건강 문제를 차치하고라도 왜 많은 편집자는 40~50세 전후에 일을 그만둬야 할까. 큰 이유는 산업화 시대에 숙련공에 요구되던 '속도, 유연성, 적응력'이 편집자에게도 요구되기 때문이다. 윗세대 편집자들은 요즘 편집자들과 달리 교정을 6~7교까지 봤는데, 매출을 고려할 때 결격 사유가 될 수도 있다. 한 나이 든 편집자는 이제 한 번 볼 때 꼼꼼히 보고 2교쯤에서 마무리한다고 했다.

나이가 들어가면서 유연성과 적응력은 떨어질 수밖에 없다. 요즘 서점가에서는 에세이가 대세다. 따라서 '대학이 반지성주의의 장이 되었다'거나 '더 이상 고전을 번역할 진지한 학자가 없다'는 윗세대의 비판은 젊은 편집자들이 감각적으로 살길을 도모하는 것과 달리 지나치게 구조적인 진단으로 다가오기도 한다. 쌓아온 경력이 있어 몸이 버티는 한 계속 자기 일을 하고 싶어 하지만, 바깥으로 밀린 그들은 젊은이들이 잘 하지 않는 단순 업무나 허드렛일을 하며 여생을 보낼지도 모른다.

젊은 편집자들은 같은 업계 종사자인데도 나이 들어 출판계를 떠난 선배들의 소식을 접하기가 어렵다. 생산에 종사하지 않는 사람들은 메인스트림에서 벗어나 있어 현재 생산에 몰두하는 사람들과의 연대는 쉽게 끊어지기 때문이다. (퇴사하면서 판권면에서도 이름이 지워진다.)

다른 한편 늙은 저자가 역사의 뒤안길로 들어서는 모습은 훨씬 더 가시적으로 관찰된다. 우리는 그들이 더 이상 책을 내지 않을 때 그 공백을 곧바로 알아차리며, 예전에는 10만 부쯤 팔던 작가가 늙어서 단 몇천 명의 독자만 거느리는 위치로 주저앉을 때 그의 쇠락을 쓸쓸히 지켜본다. 끊임없이 책을 내고 있다 하더라도 그들의 문체와 생각은 주류에서 밀려나거나 시대착오적으로 여겨지기도 하고(요즘은 특히 젠더 감수성 면에서), 신문 등의 지면으로 접하는 불만 섞인 그들의 육성에서는 불안이 읽힌다.

나는 소설가 김원우와 세 권의 책을 펴내면서 늙음에 대한 그의 태도도 지켜볼 수 있었는데, 그는 노년에도 시들지 않는 욕망과 사투하는 주인공들을 창조하며 자신의 작품 세계를 펼치는 필립 로스를 정말 좋아했다. 그 역시 '앞으로 두어 권만 더 쓰고 그만둬야 하지 않겠는가'라는 말을 했는데, 이후 다른 출판사에서 두 권의 책이 더 출간됐다. 그는 이제 자신의 다짐에 따라 정말로 글쓰기를 그만둘까?

스웨덴의 소설가 테오도르 칼리파티데스는 평생 40권이라는 엄청난 분량의 책을 출간했다가 일흔일곱에 완전히 소진되어 '더 이상 쓸 수 없을지도……'라는 회의감에 빠졌고, 당시의 마음과 방황을 적어 『다시 쓸 수 있을까』라는 에세이로 펴냈다. 그는 몸에 진이 다 빠져서 건강을 택하느냐 글쓰기를 택하느냐의 갈림길에 놓였었다. 이때 〈다겐스 뉘헤테르〉지의 문화부장은 테오도르에게 "일흔다섯 살까지는 괜찮아요. 근데 그 뒤로는 뭔가 좀 달라"[51]진다며 일흔다섯 이후에는 작품을 쓰면 안 된다고 조언했다. 테오도르는 혹시 글을 더 썼다가 '조롱받으면 어떻게 하나'를 가장 걱정했다. "너무나도 형편없는 글을 써서 (…) 갈매기조차 키득거리면 어떡하나. 나는 글을 아예 쓰지 않는 것보다 후지게 쓰는 것이 두려웠다."[52]

이런 두려움이 타당하게 느껴지는 것은 젊은 시절의 내가 노년의 나를 본다면 끔찍이 여길 가능성이 크기 때문이다. 보르헤스의 단편 「타자」는 꿈속에서 일흔이 된 늙은 내가 스무 살의 젊은 나를 만나 대화하는 내용이다. 여기서 '나'는 물론 소설가 보르헤스 자신이다. 늙은 내가 젊은 나한테 '역사' 이야기를 하자 젊은 나는 듣는 둥 마는 둥 한다. 늙은 나는 젊은 나의 안색을 살피며 충고도 하고,* 자신이 너무 뻔한 조언을 하지 않았나 두려움에 떨기도 한다. 그러다가 젊은 내가 손에 쥐고 있는 책의 제목이 무엇인지 묻는다. 젊은 나는 도스토옙스키의 『악령』이라고 답하는데, 늙은 나는 아무리 애써봐도 기억이 나질 않는다. 그가 스스로에게 모욕감을 느끼며 그게 무슨 소설이냐고 되묻자 젊은 나는 똑 부러지게 설명해준다. 슬라브 민족 정신의 거미줄처럼 얽힌 미로를 가장 심도 있게 파고들었던 작가라고. 그리하여 보르헤스는 깨닫는다. 젊은 나와 늙은 나는 서로에게 '타자'일 뿐이며 결코 상대를 이해할 수 없다는 것을. 청년에게 늙은이는 거의 시체와 같은 존재라는 것을.

물론 아주 오랜 시간을 살면서 내내 총명했던 저자들도 많이 있는데(백한 살까지 산 레비스트로스는 수백 편의 논문과 여러 권의 빛나는 저서를 남겼다), 철학자 김형석은 백 세가 되어 2020년에 『백세 일기』라는 에세이집을 펴내기도 했다. 김형석 선생의 책은 언론에서 화제가 되고 판매도 순조롭게 이뤄지고 있는 듯하다. 하지만 이는 매우 드문 일이며, 잘나갔던 작가들은 노년이 되어 대형 출판사에서 떨어져 나와 출판사를 자주 옮겨 다녀야 하는 상황에 직면하곤 한다.

편집자들은 한때 책 작업을 활발히 하다가 노년이 되

---

* 그는 '민중' 어쩌고 하는 이상주의적 말을 하는 젊은 나에게 내가 말하는 '억압받고 소외된 민중은 추상에 불과하다'고 말한다.

어 거리감이 생겼던 옛 저자들의 부고를 하나둘 받는다. 내 경우 같이 작업했던 벽사 이우성 선생과 이성무 선생, 그리고 영국의 경제학자 앤서니 앳킨슨의 사망 소식을 들었다. 2018년에 편집했던 『모든 것의 가장자리에서』의 저자 파커 파머는 책 작업 당시 이미 많이 노쇠하고 건강이 좋지 않아 메일이나 메시지 확인도 잘 못 했고, 더는 책을 쓰기 어려울 거라는 말도 했다. 그래도 이 작가들은 옛 시절 조정에 천거·발탁되지 못해 '초목과 더불어 썩어'갔던 옛 선비들에 비하면 확실히 한 시대를 구가한 인물들이다. 하나의 세계를 창조했고 자기 이름을 드날렸기에 쇠락과 늙음도 상대적으로 더 두드러져 보이는 것이리라.

이제 시선을 독자에게로 옮겨보자. 몇몇 독자는 굉장히 바람직하게 늙어가고 있음이 관찰된다. 그들은 젊은 시절의 약간 '어수룩하고 가벼운' 자신과 단절된 채 책이라는 동굴 속으로 걸어 들어간다. 이빨이 빠졌을지언정 아직 시력은 살아 있으며, 스스로 아는 게 많다고 여기지 않아 더 많이 배울 자세가 되어 있다. 편집부로 전화를 걸어와 자주 통화했던 민영부 독자가 맞은 노년의 불운은 청력 훼손이지만 다행히 지적 호기심은 살아 있다. 그는 도배하고 집 고치는 것을 밥벌이로 삼으며, 강원도에 거주하는 중이다. "최근에 동네 집을 하나 고쳐서 돈이 들어왔으니 책 좀 추천해주시오." 그와는 이런 식의 통화가 주를 이룬다. '사서四書'처럼 필독서로 꼽히는 것, 두껍고 본격서 느낌이 나는 책들이 그의 취향이다. 요즘에는 지평을 넓혀 2차 텍스트도 꽤 많이 읽는다. 젊은이들에게는 공기와도 같은 인터넷을 못 해서 직접 불러주면 받아 적어서 배송한다.

　　김씨 아내를 둔 한 남성도 일주일에 두세 번 전화를 걸어왔다(그는 자신의 이름을 밝히지 않고 아내의 이름 앞으로 책을 보내 달라고만 했다). 그는 『삼국지』『열국지』『주역』『대학』『중용』『손자』를 좋아한다. 돈이 궁해 책을 살 수 없을 때는 그 책이 절판될까 봐 초조감을 내비친다. 그는 통화하면서 자신이 작은 공장을 운영하고 있고, 아들의 이름이 '성렬'이라는 것을 부지불식간에 노출했다. 책에 관한 대화는 잠깐 그의 생활 이야기로 빠졌다가 다시 맥락을 되찾아 돌아왔다. 그러면서 그는 점점 더 난도 높은 조언을 요구했다. 첫째, 시중의 번역 판본들을 비교해줄 것, 둘째, 자신이 주제를 말하면 관련 고전을 추천해줄 것. 이처럼 일부 나이 든 독자들은 주로 동아시아 고전에 빠져드는데, 아마도 늙어 고찰하게 되는 것은 한 개인에게 국한된 삶보다는 역사라는 커다란 강줄기 위에서 자신의 위치를 살피는 것, 영靈이 무엇인지 여전히 흐릿하긴 하나 가시적 세계만이 아닌 더 큰 세계가 있다는 짐작, 개별 인간의 삶의 조각들이 모여 인간세계의 총체적인 선과 악을 구성하게 된다는 것 등을 깨달을 수 있으리라는 기대감 때문인 듯하다.

　　나이 든 독자들이 책을 열심히 읽으면서 젊은 세대의 세계관과 싸우는 것은 허망한 일이 아니리라. 장 아메리는 자신의 세계를 구축해왔던 작가들을 젊은 세대가 더 이상 읽지 않자 나름 정당한 반박을 한다. 데멜, 릴케, 프루스트, 그린, 조이스가 구축해준 자신의 세계와 우주는 결코 착각이 아니라 현실이었다고.

물론 저자, 독자, 편집자 모두 언젠가 뿌연 눈으로 간신히 글자를 읽을 날이 올 것이다.『하드리아누스 황제의 회상록』에서 하드리아누스가 자신의 늙은 육체에 대해 '체액들의 덩어리, 림프와 혈액의 슬픈 혼합물'일 뿐이라고 읊는 내용은 누구에게나 해당되기 때문이다.

거미줄 같은 책장

1.

　내 방과 거실의 책꽂이에는 분야별로 책들을 정리해두었지만, 실제로 책을 사들이는 과정은 거미줄처럼 얽혀 있다. 편집자는 한 권의 책을 읽으면서 그로부터 최소한 서너 권의 책을 더 구입해 읽는 경우가 많아서 불시에 어떤 이슈가 생겼을 때 바로 기획에 들어갈 채비를 할 수 있고, 각 저자에게 맞춰가며 이야기할 수 있다. 특히 어떤 부류의 저자와도 취향을 공유하고 싶다면 고전을 읽어야만 한다. 여전히 많은 작가가 신간보다는 고전을 읽고, 그들을 작가로 낳아준 것 또한 대체로 고전이기 때문이다.

　1994년에 나온 밀란 쿤데라의 『사유하는 존재의 아름다움』을 나는 서른네 살쯤에 읽었는데, 쿤데라는 모름지기 소설이란 '환상을 마치 실제 있었던 일처럼 조작하지 않는' 작품이라고 보았다. 소설 미학에 대한 확고한 관점은 물론, 워낙 논쟁에 뛰어나고 설득력도 있어 나도 그가 읽은 소설들을 따라 읽기 시작했다. 그가 좋아하는 작가는 프란츠 카프카, 로베르트 무질, 프랑수아 라블레, 헤르만 브로흐다. 나는 이 중에서 실재하지 않는 세계를 그리지만, 오히려 인간 사회의 실체에 가장 가까이 다가가는 카프카의 작품을 빠짐없이 읽었다. 얼마 후 더 읽을 것이 없게 되자 카프카에 대해 언급한 조각 글들을 찾아 읽었고, 벤야민이 동시대 작가였던 카프카를 뒤늦게 읽게 돼 만날 기회를 놓친 것을 안타까워했다.• 그 후 나는 카프카를 정말 좋아하게 되었고 이주동 교수의 『카프카 평전』을 읽은 뒤, 어느 날 우연히 만난 이명세 영화감독과는 오로지 카프카 이야기만 했다.

무질의 『특성 없는 남자』는 오스트리아 빈을 배경으로 함에도 불구하고, 그는 인간 존재의 가능한 모든 실존적 질문을 던짐으로써 구체적 공간인 배경을 삭제했다. 이 점에 대해 쿤데라는 "무질이 이룩한 구조적 혁명"이라고 평가했다. 그의 대표작 『특성 없는 남자』는 전 3권인데, 완간이 안 되어 우선 1, 2권을 보고 『생도 퇴를레스의 혼란』과 『사랑의 완성』을 연이어

• 벤야민이 카프카를 처음 읽은 것은 1915년이었다는 기록이 있지만 카프카에게 적극적으로 관심을 갖기 시작한 것은 1925년 이후로, 그는 카프카와 만날 뻔한 기회를 놓쳤다.

거미줄 같은 책장

읽었다.

발자크가 시대 배경들을 본문 속에 사실주의적으로 모조리 끌어다 쓰며 부지런히 거미줄을 칠 때, 라블레는 그 정반대에 서 있는 작가였고 쿤데라는 그를 몹시도 사랑했다. 이에 나도 『가르강튀아·팡타그뤼엘』을 읽고, 헤르만 브로흐의 『몽유병자들』 역시 그런 미학적 관점에서 읽었다.

쿤데라는 사상가 중에서 가장 소설가적인 니체를 옹호했다. 쿤데라 자신이 소설 속에 사상이 담긴 것을 옹호하는 사람이었는데, 이것은 결코 도덕관념의 이야기화를 좋아한다는 뜻이 아니다. 체계적 사상에 대한 니체의 거부, 엄청난 주제의 확장, 인간적인 모든 것에 관한 성찰……. 니체로 인해 철학 분과들 사이의 장벽은 무너졌고, 인간적인 모든 것이 철학의 재료가 될 수 있었는데, 이 점은 철학을 거의 소설화하는 것이었다. 니체를 독해할 때 쿤데라가 전적으로 반대하는 방식은 역사가들처럼 혹은 대학교수들처럼 읽는 것이다. 즉 그의 철학을 체계화하여 축소시키면 '여성들에 관한, 독일인에 관한, 유럽에 관한, 괴테에 관한, 위고류의 졸작에 관한, 권태에 관한, 유희에 관한, 번역에 관한, 타자의 점유와 이 점유의 모든 심리 유형 사례들에 관한' 자리는 남아나지 않기 때문이다. 그리하여 나는 30대 초반에 기존 독법의 가이드를 받아 읽었던 니체의 저술들을 쿤데라처럼 자유롭게 소설을 읽어나가듯 다시 읽기 시작했다.

하루는 니체를 읽는데, 어느 구절에서 자신이 요즘 아달베르트 슈티프터의 『늦여름』을 읽고 있다고 말했다. 니체를 따라 나도 곧 『늦여름』을 읽기 시작했다. 19세기 독일 사실주의 문학의 대표작 중 하나인 이 책을 읽으면서 나는 19세기에 쓰인 책들을 찾아 읽느라 약 1년간 20세기 작품들로 올라오지 못한 채 19세기 말에 걸친 『세기말 빈』『좋은 유럽인 니체』와 같은 책을 기획·편집해서 출간했다.

한편 쿤데라는 발자크와 토마스 만의 미학에 알레르기 반응을 일으키며 귀를 틀어막을 정도로 권태를 느꼈다. 그 이유는 이들 작품의 작중 인물들이 호적에 올라 있는 현실 속 인물들처럼 여기게끔 만드는 부류였기 때문이다. 즉 발자크와 만은 꼼꼼하게 묘사하는 가운데 마치 그것이 실재하는 세계인 양 독자를 소설 속 환경에 친숙하게 만든다. 그런 점이 쿤데라를 그들 작품으로부터 나가떨어지게 만들었고, 정확히 똑같은 이유에서 경제학자 토마 피케티는 발자크의 『고리오 영감』을 가장 좋아하는 작품으로 꼽았다. 피케티는 19세기 사회상을 그릴 때 경제학 자료의 공백으로 발자크의 책을 여러 번 참조했는데, 그는 소설 속 인물 보트랭이 라스티냐크에게 했던 유명한 설교가 소득 불평등을 가장 잘 보여준다고 보았다.

모든 사회의 소득 불평등은 다음 세 가지 측면으로 나뉠 수 있다. 바로 노동 소득의 불평등, 자본 소유와 이 자본이 벌어다 주는 소득의 불평등 그리고 이 두 가지 조건의 상호 작용이다. 발자크는 이 문제를 가장 명확하게 소개해줄 수 있을 것이다. [53]

그리하여 나는 쿤데라의 견해를 뒤로하고 발자크를 읽기 시작했다.

피케티 책을 다섯 번 정도 되풀이해 읽으면서 그의 영향을 크게 받았고 이후로 단 한 순간도 '불평등' 문제에서 관심의 끈을 놓은 적이 없다. 『불평등을 넘어』 『실력과 노력으로 성공했다는 당신에게』 등 관련 주제를 계속 편집하면서 저명한 경제학자들이 펴낸 『불평등의 대가』 『거대한 불평등』 『불평등의 역사』를 읽었다. 그러던 중 특히 어린이와 노인의 불평등, 건강 불평등으로 관심이 옮겨갔다. 로버트 퍼트넘의 『우리 아이들』, 리처드 윌킨슨의 『평등해야 건강하다』를 읽으면서 아이들에 관한 거의 모든 연구와 건강 관련 연구를 사들여 읽기 시작했다. 이 책들을 읽으면서 느낀 것은 경제적 불평등에서 시작된 것은 결국 국가나 사회가 오랜 시간 잘 해결하지 못한 채(오히려 더 악화시키는 채) 개개인의 문제로 떠넘기면서 그들에게 심리적 트라우마를 낳는 원인이 된다는 점이다. 즉 무기력, 우울증, 자존감 저하, 가난과 폭력, 폭력의 대물림이 모두 불평등과 긴밀히 엮여 있었다.

『무기력의 비밀』 『조울병, 나는 이렇게 극복했다』 등을 읽으면서는 사회와 국가에 맞서 싸우는 이야기와 동시에 개개인의 사안으로 조금 더 시야를 한정시키며 이전까지 한 번도 관심을 가진 적이 없던 심리학 도서들을 읽었고, 책꽂이의 서너 칸을 심리학책들로 채우기 시작했다. 그리고 기획하는 책도 차차 개인의 이야기와 증언들로 옮겨가게 되었다. 『할매의 탄생』 『문 뒤에서 울고 있는 나에게』 『자살의 사회학』 등은 모두 이런 책을 읽으면서 기획한 것이다.

심리학책을 읽다 보면 에세이류는 특히 비슷한 말을 너무 많이 반복하고, 위로의 말이나 열등감에 관한 것들은 객관적인 설명을 결여하고 있는 듯해 근본적인 원인이 궁금해졌다. 나의 관심은 뇌를 구성하는 물질들, 즉 뇌과학 영역으로 옮겨갔다. 안토니오 다마지오의 『스피노자의 뇌』『데카르트의 오류』 등을 읽으면서 뇌의 구조를 더 알고 싶어 제럴드 에델먼의 『뇌는 하늘보다 넓다』로 넘어갔다.

이렇게 심리학과 뇌과학에 한창 빠져 있던 때에, 안경희라는 분에게서 『나는 조울병 의사입니다』[*]라는 투고가 들어왔다. 그녀는 원고에서 다음과 같이 말했다.

언제부터 죽음을 가깝게 느꼈는지 확실하지 않지만, 내가 기억하는 한 굉장히 살고 싶다거나 살아서 무언가를 꼭 이루겠다고 생각했던 적은 거의 없었습니다. 내게 죽음이란 건 함부로 누를 수는 없지만 언젠가는 누르게 될, 때로는 누르고 싶은 유혹적인 스위치였습니다. 나는 남들도 다 그렇게 정도의 차이만 있을 뿐 죽음을 마음에 품고 사는 줄 알았습니다. 공개적으로는 모두가 살라고 말하지만, 그들도 힘들 때는 죽음을 생각하지 않을까 하고요.

---

[*] 이후 새움 출판사에서 『나는 당신이 살았으면 좋겠습니다』(2018)라는 제목으로 출간되었다.

그 생각이 깨진 것은 대학교 2학년 때였습니다. 자살에 대한 강의를 듣고 나오는 길에 친한 친구가 말했습니다.

"나는 한 번도 자살을 생각해본 적이 없어. 그래서 사실은 그 사람들을 잘 이해하지 못하겠어."

이해하고 싶어서 이 강의를 들었는데, 라며 그 친구는 겸연쩍게 웃었습니다. 그제야 비로소 많은 사람들이 나와 다르다는 것을 알았습니다. 세상에는 죽음을 생각하는 사람과 그렇지 않은 사람이 있었습니다. [54]

나는 이 작가가 말하는 그 친구와 똑같은 입장에 서 있었다. '낮의 인간'으로 늘 분주하게 효율성의 세계에서 종종걸음으로 사무를 처리하거나 성과가 매겨지는 일들에 집중해 나 자신이 싫을 때가 종종 있다. 죽음을 습관처럼 생각하는 이들의 컴컴한 속으로 들어가고 싶어 앤드루 솔로몬의 『한낮의 우울』을 읽기 시작했다. 우울증의 늪에 빠져 허우적거리는 저자의 책은 우울의 깊이가 너무 깊어, 150쪽쯤에 다다랐을 때는(총 722쪽이다) 우울하지 않았던 나도 비관으로 꽉 차 우울에서 헤어나올 수 없을 것 같은 심정에 이르렀다. 이어서 자살한 작가 사데크 헤다야트의 『눈먼 올빼미』를 읽고, 이후 앤드루 솔로몬의 다른 책인 『부모와 다른 아이들』『경험 수집가의 여행』을 읽게 되었다.

하지만 수원이 되었던 것들은 조금씩 원경으로 처리되는 가운데 여러 주제가 물줄기를 제각각 뻗어가 뇌과학은 '과학'이라는 장르 자체를 파고들게 만들어 내게 물리학, 생물학,

인공지능의 세계를 열어주었고, 심리학은 이후 『매우 예민한 사람들을 위한 책』 『아이들은 어떻게 사회적 존재가 되는가』를 계약하도록 이끌었다.

　　2.

　　이탈로 칼비노는 정말 많은 사람이 좋아했다. 지그문트 바우만, 프리모 레비, 탕누어가 다 칼비노를 언급하고 있어 민음사와 열린책들 세계문학전집에 포함된 것을 낱권으로 구입했다가 다시 11권으로 나온 칼비노 전집을 사들였다.

　　타이완의 작가 탕누어가 가장 좋아하는 소설가로는 칼비노 외에 호르헤 루이스 보르헤스, 가브리엘 가르시아 마르케스, 그레이엄 그린이 있다. 보르헤스는 황병하 번역의 옛날 전집을 몇 권 가지고 있었는데 이참에 새 전집을 구입해 조금씩 읽고 있다.

　　최근에는 메리 비어드의 서평집 『고전에 맞서며』를 편집하면서 예전에 사두었던 『블랙 아테나』를 조금 읽었다. 이 책의 저자 마틴 버널은 공격을 많이 받았던 학자인데, 검색해보니 『블랙 아테나 반론』을 최근 펴냈기에 구입했다. 이 책이 애정을 갖고 읽을 만한 것인지는 확신이 들지 않지만, 책의 역자 오흥식 선생을 15년 전쯤 뵌 적이 있어 그 힘으로 읽는다. 또한 비어드는 기번의 이름을 딱 한 번 언급하고 지나가는데, 서재에 『그림과 함께 읽는 로마 제국 쇠망사』밖에 없어서 『로마 제국 쇠망사』 세트(전 6권)를 샀다. 비어드는 『고전에 맞서며』에서 도나 타트의 『비밀의 계절』(전 2권) 같은 소설은 서평하지 않는다. 당연한 것이, 이 책은 로마사 연구 전문 학자들의 저서만 다루기 때문이다. 그렇지만 한두 문장으로 비어드는 타트를 강력히 옹호하는데, "다른 무엇보다 도나 타트의 『비밀의 계절』을 생각해보십시오. 대학 고전학과가 아니라 지리학과를 무대로 그런 작품이 집필되기는 힘들 것입니다"라고 말해 나는 이 책을 곧바로 사서 읽기 시작했다. 비어드는 독자들에게 '고전을 읽어야 한다'는 말을 삼간다. 독자들에게 고리타분하다는 비난을 받을까 우려되기 때문이다. 다만 그녀는 사회 구성원 일부는 반드시 베르길리우스와 단테를 읽어야 하며, 그렇게 문화적으로 중요한 것들을 계승·창조해나가야 한다고 했다. 비어드는 특히 고전과의 관계를 통해 이뤄지는 우리와 선배들의 관계를 강조했다. 즉 "현재 우리가 베르길리우스 없이는 단테를 이해할 수 없고, 플라톤 없이는 존 스튜어트 밀을, 에우리피데스 없이는 도나 타트를, 아이스킬로스 없이는 래티건을 이해할 수 없"[55]기 때문에 단테, 밀, 타트, 래티건을 이해하려면 베르길리우스, 플라톤, 에우리피데스, 아이스킬로스를 먼저 읽으라는 것이다. 다독가도 아닌 내가 다행히 『아이네이스』『소크라테스의 변명』『아이스킬로스 비극 전집』을 이미 읽었다. 그러니 이제 밀의 『자유론』과 테런스 래티건의 『브라우닝 버전』(하지만 번역이 안 되어 있고, 앞으로도 번역될 가능성은 없어 보인다)만 읽으면 된다.

3.

장 그르니에는 자신의 개(원래 유기견이었다) 타이오가

죽음을 맞이할 무렵 모든 상황과 감정들은 물론 무감각해진 상태까지 담아『어느 개의 죽음』이라는 책을 썼다. 거기서 거의 유일하게 언급되는 책은 도스토옙스키의『죄와 벌』로, 타이오는 한곳에 아주 오랜 시간 갇혀 있으면 견디지 못하고 무엇이든 입으로 물어 찢어버렸는데 그것이『죄와 벌』이다. 아마도 이 고전은 그르니에가 가장 좋아했던 책이기에 개와의 추억을 곱씹을 때 저절로 머릿속에 떠올랐던 것이리라. 보르헤스 역시 한 소설을 통해 꿈에서 노년의 자신이 젊은 시절의 자신을 만났을 때 지금은 내용조차 희미한 도스토옙스키의『악령』을 읽었다는 것을 깨닫는다. 칼비노도 고전 읽기를 강조하는 책에서 도스토옙스키의『악령』을 예시로 든다.

이처럼 작가들이 한 번씩 꼭 언급하고 지나가는 도스토옙스키를 나는 오랫동안 읽지 못하다가 아프리카 여행을 가면서 읽게 되었다. 여행을 가면 보통 그 나라 작가들의 작품을 읽는데, 남아프리카공화국 태생의 작가 존 쿳시의『페테르부르크의 대가』를 읽고 나서 바로 그 주인공인 도스토옙스키의 책으로 옮겨간 것이다.『페테르부르크의 대가』는 도스토옙스키의 죽은 아들과 관련한 상황들을 소설화한 것으로, 19세기 문학의 대가인 도스토옙스키의 삶과 예술이 그 밑바탕에 있다.

한편 '작가들의 작가'인 도스토옙스키는 찰스 디킨스의 추종자였다. G. K. 체스터턴 역시 19세기 작가 중에서 디킨스를 가장 존경해, 자기 소설 서문에서 항상 디킨스를 언급했고 디킨스에 관해 책 한 권을 통째로 할애하기도 했다.

그리하여 나는 이 글을 쓰면서 탕누어에서 칼비노로, 칼비노에서 도스토옙스키로, 도스토옙스키에서 디킨스로 나아가고 있다. 이렇게 예상치 못한 방향으로 작가들이 거미줄을 치면 나도 거기 걸려들어 점점 더 기원으로 거슬러 올라가고, 그렇게 18세기까지 올라갔다가 다시 동시대 작가들을 소홀히 할 수 없다 여겨 한국 작가와 학자 들을 조금 읽다가, 한국 작가들 역시 동시대 작가들을 거의 참조하지 않는다는 사실을 문득 깨닫고 또다시 19세기, 20세기의 각 나라로 되돌아간다.

이런 책장을 가진 삶이 어떤 의미를 지니게 될까. 그 의미까지야 잘 모르겠지만, 삶이 밋밋하지 않고 현실보다 더 현실적인 삶을 살게 되는 거라고 믿고 싶다. 그래서 나는 이 책을 '책, 얼마나 사고 얼마나 읽어야 하는가'라는 이야기로 맺고자 한다.

읽는 직업

책, 얼마나 사고
얼마나 읽어야 할까

우리 가족 중 한 명은 젊은 시절 책을 거의 읽지 않다가 은퇴 후 독서의 세계로 빠져들었다. 삼시 세끼 밥을 먹고 하는 일은 오로지 책을 읽는 것으로, 대단한 독서력을 보이고 있다. 그렇다면 그가 한 달에 도서 구입에 지출하는 비용은 얼마일까? 놀랍게도 0원이다. 은퇴자의 빠듯한 경제적 상황도 한 가지 이유겠지만, "70대에 들어서면 더 이상 무언가를 쌓아두지 않게 된다"라는 것도 하나의 이유다. 즉 남은 세월이 많지 않아, 되풀이해서 읽을 가능성이 없으면 책은 구입하는 물건이라기보다 한 번 빌려서 보고 마는 것이 된다.

누구나 알듯이 책을 사는 것은 읽는 것과 동의어가 아니며, 한 권도 사지 않지만 다독가인 사람도 많이 있다. 나는 책에 전혀 지출을 하지 않고 많이 읽는 독자와 책은 시시때때로 사두지만 잘 읽지 않는 이들 모두를 옹호하고 싶다. 특히 후자는 매우 소중한데, 그들은 중요한 것이 무엇인지는 꿰뚫고 있는 사람들로 언젠가 책을 읽을 계기를 맞닥뜨리면 자신이 지난 세월 헛된 곳에 돈을 쓰지 않았고 꽤 괜찮은 작가들을 알아보는 눈이 있었음을 깨달을 것이기 때문이다.

그렇다면 우리 각자는 책을 얼마나 사고 얼마나 읽어야 할까. 여기에 정답이 있을 리 없지만, 내 경험을 이야기하는 것도 하나의 참고 사례가 되리라 생각한다. 나는 한 달에 30만 원 정도를 책 구입에 쓴다. 빌려서 읽는 경우는 없고 모두 사서 본다. 책값이 그것이 담고 있는 가치에 비해 싸다는 것은 의심의 여지가 없을 것이다. 특히 저자, 역자, 편집자들이 들인 시간과 노고를 계산하고, 그들의 생계를 고려하면 사실임을 부정하기 어렵다. 그래서 책은 비싸다거나 혹은 산다고 해서 낭비가 되는 물건일 수 없다. 내 지출을 기준으로 본다면, 지금 이 책을 읽는 독자들 중 대다수는 한 달 책 구입비가 5만 원을 넘는 사람이 많을 것 같고, 10만 원을 넘기는 사람도 꽤 있으리라 예상한다.

그러면 집에 쌓아놓은 책들 중 과연 얼마나 읽었을까. 나는 반의반의 반도 못 읽었다. 하지만 나 자신을 낭비가 심하다고 생각하지 않는 이유는 어떤 이슈와 주제가 생겨 기획하거나 참조를 해야 할 때, 내 방에 해당 주제에 관한(어떤 주제든 간에) 책이 한 권도 없었던 적은 없기 때문이다. 과거 무심결에 구입한 책들을 뒤늦게 읽을 때 스스로에게 놀란다. '아무것도 모르던 그때 어떻게 이런 책들의 가치를 알아보고 사두었을까.' 요즘처럼 자기 비하(나는 세상의 부조리나 타인보다는 자기 자신에게 더 쉽게 좌절한다)가 심한 시절에 이는 나름 자기 위로의 한 방법이 된다.

여하튼 집에 사둔 책을 조금밖에 못 읽었지만, 그래도 책 읽는 것이 일이다 보니 아마도 나는 다독가의 부류에 들 것 같다. 회사에서 8~9시간 원고를 읽은 편집자들은 집에 돌아가 또 책을 볼까? 나는 아침저녁으로 읽고 주말에는 하루 종일 읽기도 한다. 영화, 드라마도 봐야 하고 게임도 해야겠지만, 책은 그것들과 경쟁 상대라기보다는 전혀 다른 뇌 부위를 쓰고 전혀 다른 삶의 결을 만들어가는 분야로서 누구든 얼마간의 시간과 비용을 독서에 들여야 한다고 생각한다.

책을 읽으면 삶이 나아질까.[•] 여기에는 "꽤 그럴 것이다" 라고 답하고 싶다. 삶에 있어서 '농도'나 '밀도'는 중요한데, 내 경우 그 밀도를 책을 읽거나 쓴 사람들과의 만남, 혹은 책을 둘러싼 수많은 내용을 통해 채우는 것 외에 다른 방법을 잘 모르겠다. 이렇게 책 한 가지만 이야기하며 마치 책 바깥의 삶은 없다는 듯이 말하는 것을 싫어할 사람들이 많겠지만, 그 안에 완전히 들어오지 못하면 알 수 없는 세계가 있다. 책이 바로 그런 세계다.

[•] 삶에 윤기가 좀 흐르지만 자기 자신이 꽤 나아지는지는 잘 모르겠다. 이기적인 자아는 잘 변하지 않아 책을 읽어도 제자리걸음인 자신을 발견할 때가 많고, 그것은 꽤 서럽다.

경청

탕누어唐諾

　　이은혜 씨의 이 책에 추천사를 쓰는 것은 내 자격 밖의 일일 것이다. 하지만 글을 쓰는 이은혜 씨에 관해 몇 마디 하고 싶은 마음이 간절하다. 우리는 서로 전혀 모르는 사람이었다가 아주 친근하고 기묘한 인연으로 만나게 되었다. 쿤데라가 말한 '우연한 만남'이 바로 이런 것이리라.

　　사정은 대략 이렇다. 몇 년 전 내 책 몇 권이 연이어 한국에서 번역 출간되었고, 한국에 와서 강연을 해달라는 초청을 여러 차례 받았다. 나는 이러한 초청이 모종의 열정과 선의에서 나온 것임을 모르지 않았지만, 단순히 액면 그대로 받아들여서는 안 된다고 생각했다. 게다가 나 역시 수십 년 동안 출판 편집자로 일한 경험이 있던 터라 내 책들이 한국에서 수용되기에는 어느 정도 한계가 있기 때문에, 책의 판매 수익으로는 비행깃값도 부담하기 어렵다는 사실을 쉽게 추산할 수 있었다.

한국으로부터의 초청을 누차 거절하자 뜻밖에도 이은혜 씨가 인터뷰를 위해 불원천리하고 내가 작업실로 사용하고 있는 타이베이의 한 카페로 찾아왔다. 그것도 한 번에 그치지 않았다. 나로서는 이만저만한 실례가 아닐 수 없었다.

대담 진행자 역할로 함께 온 사람은 한국의 대형 신문사 기자 출신으로, 그가 던지는 질문들은 하나같이 전문적이고 심지어 무겁기까지 했다. (출판사 편집장인 이은혜 씨 의도에 잘 맞는 것 같았다.) 무려 서너 시간 동안 이어진 인터뷰에 혹시 옆에 앉은 이은혜 씨가 심심해하지 않을까 걱정했지만, 뜻밖에도 차분하고 조용히 집중하며 경청하는 그녀가 나를 놀라게 했다. 우리는 직접적인 대화가 불가능했고, 현장에서 통역해주는 사람의 입을 통해서도 그녀가 무슨 말을 듣고 있는지 정확하게 알 수 없었다. 하지만 그녀의 표정은 내게 너무나 익숙한 것이었다. 오랜 소통을 통해 믿을 수 있게 된 사람의 표정이었다.

경청자의 얼굴이었다.

나와 나의 아내 주톈신朱天心(그녀는 소설가다)은 해외 강연 요청을 수락하는 일이 극히 드물다. 시종 사람들의 등에 대고 말하는 듯한 느낌을 떨칠 수 없기 때문이다. 거절하기 어려워 강연에 응한 적도 있긴 하지만, 여러 해 동안 똑같은 방식으로 강연을 하며 청중들 속에서 한 가지 얼굴을 찾기 어려웠다. 바로 말없이 집중하면서 경청하는 얼굴이다. '당신'에게 말할 기회가 거의 없었다. (보르헤스는 "나는 여러분에게 말하는 것이 아니라 '당신'에게 말하는 것이다. 여기서 'you'는 단수 당신이다. 청중은 존재하지 않는다. 청중은 환각일 뿐이다"라고 말한 바 있다.) 이런 얼굴에 미혹되고 혹은 즐거워하면서, 표정의 명암이 변하는 것을 바라보면서, 설명하고 추임새를 넣고 주제를 확대하면서 대화에 몰입한 후의 가장 이상적인 결과는 그 얼굴이 밝아지는 것이다. 꽃이 피는 것처럼 눈동자가 빛나는 것이다.

보르헤스는 또 경청에 능했던 한 시인 친구에 관해 "그는 자신의 침묵으로 우리 모두를 더욱 똑똑하게 만들었다"라고 말한 적이 있다.

나는 줄곧 글쓰기의 세계에서 독자가 근본이라고 말해왔다. 글을 쓰는 모든 사람은 반드시 열렬한 독자여야 한다. 글을 쓰는 모든 사람은 맨 처음부터 독자로 시작해야 하고, 시종 독자여야 하며 하루에 그 짧은 몇 시간만 글 쓰는 사람이어야 한다. 말의 세계에서 경청하는 사람과 말하는 사람의 관계도 이와 다르지 않다. 경청하는 사람이 존재해야만 말하는 사람의 말이 수용되고 기억되고 전달될 수 있다. 경청하는 사람이 없다면 말하는 사람의 말은 일련의 무의미한 소리에 지나지 않아, 이내 바람을 따라 흩어지고 만다.

어쩌면 가장 큰 총명함은 경청하면서 말하지 않는 것인지도 모른다. 중국어에서는 '총명聰明'을 '이총목명耳聰目明, 귀가 밝고 눈이 빛남'이라는 단어가 축약된 것이라고 해석하기도 한다. 귀가 밝다는 것은 경청을 가리키고 눈이 빛나는 것은 응시를 의미한다.

이은혜 씨의 산문집 출간을 진심으로 축하한다. 내가 꼭 하고 싶은 말은 다음에는 이은혜 씨가 말을 하고 내가 경청하는 기회를 갖고 싶다는 것이다.

참고문헌

1. 김영민, 『인간의 글쓰기 혹은 글쓰기 너머의 인간』(글항아리, 2020), 249쪽.

2. 스즈키 도시유키, 『에도의 독서열』, 노경희 옮김(소명출판, 2020), 모두 9쪽.

3. 탕누어, 『명예, 부, 권력에 관한 사색』, 김택규 옮김(글항아리, 2020), 459~460쪽.

4. 김영민, 앞의 책, 235쪽.

5. 마사 누스바움, 『정치적 감정』, 박용준 옮김(글항아리, 2019), 38쪽.

6. 앤서니 그래프턴, 『각주의 역사』, 김지혜 옮김(테오리아, 2016), 15쪽.

7. 마틴 버낼, 『블랙 아테나 1』, 오홍식 옮김(소나무, 2006), 624쪽.

8. 마틴 버낼, 앞의 책, 646쪽.

9. 마틴 버낼, 앞의 책, 665쪽.

10. 정민, 『다산과 강진 용혈』(글항아리, 2020), 96쪽.

11. 움베르토 에코, 『움베르트 에코의 논문 잘 쓰는 방법』, 김운찬 옮김(열린책들, 2006년 증보판), 76~77쪽.

12. 움베르토 에코, 앞의 책, 116쪽.

13. 탕누어, 앞의 책, 246쪽.

14. 최윤필, 『어느 날 나는 바깥으로 들어갔다』(글항아리, 2010), 28쪽.

15. 최윤필, 앞의 책, 135쪽.

16. 탕누어, 앞의 책, 43쪽.

17. 주디스 버틀러, 『위태로운 삶』, 윤조원 옮김(필로소픽, 2018), 10쪽.

18. 김영민, 앞의 책, 518~519쪽.

19. 옌롄커, 『침묵과 한숨』, 김태성 옮김(글항아리, 2020), 46쪽.

20. 옌롄커, 앞의 책, 57쪽.

21. 옌롄커, 앞의 책, 57쪽.

22. 植木宣隆, 『思うことから、すべては始まる』(サンマーク出版, 2020), 24쪽.

23. 탕누어, 앞의 책, 215쪽.

24. 뤄전위, 『당신의 지적 초조함을 이해합니다』, 최지희 옮김(글항아리, 2019), 136쪽.

25. 탕누어, 앞의 책, 218쪽.

26. 정민, 앞의 책, 162쪽.

27. 존 맥피, 『네 번째 원고』, 유나영 옮김(글항아리, 2020), 252~253쪽.

28. 메리 비어드, 『고전에 맞서며』, 강혜정 옮김(글항아리, 2020), 199쪽.

참고문헌

29. 존 맥피, 앞의 책, 226쪽 참조.

30. 밀란 쿤데라, 『사유하는 존재의 아름다움』, 김병욱 옮김(청년사, 1994), 120쪽 참조.

31. 이탈로 칼비노, 『왜 고전을 읽는가』, 이소연 옮김(민음사, 2008), 253~254쪽 참조.

32. 존 맥피, 앞의 책, 136쪽.

33. 탕누어, 앞의 책, 310쪽.

34. 허은실, 「바람이 부네, 누가 이름을 부르네」 『나는 잠깐 설움다』(문학동네, 2017), 20쪽.

35. 존 맥스웰 해밀턴, 『카사노바는 책을 더 사랑했다』, 승영조 옮김(열린책들, 2005), 394쪽.

36. 탕누어, 앞의 책, 263쪽.

37. 패멀라 폴, 『작가의 책』, 정혜윤 옮김(문학동네, 2016), 46쪽, 120쪽, 178쪽, 283쪽.

38. 스즈키 도시유키, 앞의 책, 7쪽.

39. 존 맥피, 앞의 책, 136쪽.

40. 김영민, 『집중과 영혼』(글항아리, 2017), 754쪽.

41. 후지타 쇼조, 『정신사적 고찰』, 조성은 옮김(돌베개, 2013), 146, 151쪽.

42. 아모스 오즈, 『사랑과 어둠의 이야기 1』, 최창모 옮김(문학동네, 2015), 63~64쪽.

43. 프리모 레비, 『고통에 반대하며』, 심하은 · 채세진 옮김(북인더갭, 2016), 235쪽.

44. 마르셀 프루스트, 『독서에 관하여』, 유예진 옮김(은행나무, 2014), 48~49쪽.

45. 토마 피케티, 『자본과 이데올로기』, 안준범 옮김(문학동네, 2020), 69쪽.

46. 마사 누스바움, 『시적 정의』, 박용준 옮김(궁리, 2013), 46쪽.

47. 아모스 오즈, 앞의 책, 18쪽.

48. 아리 샤비트, 『약속의 땅 이스라엘』, 최로미 옮김(글항아리, 2016), 679쪽.

49. 와타나베 기요시, 『산산조각 난 신』, 장성주 옮김(글항아리, 2017), 89쪽.

50. 와타나베 기요시, 앞의 책, 292쪽.

51. 테오도로 칼리파티데스, 『다시 쓸 수 있을까』, 신견식 옮김(어크로스, 2019), 11쪽.

52. 테오도로 칼리파티데스, 앞의 책, 15쪽.

53. 토마 피케티, 『21세기 자본』, 장경덕 옮김(글항아리, 2014), 287쪽.

54. 안경희, 『나는 당신이 살았으면 좋겠습니다』(새움, 2018), 182~183쪽.

55. 메리 비어드, 앞의 책, 40쪽.

참고문헌

＊ 각 부의 속표제지에 인용된 문장은 모두 같은 책에서 발췌한 것이다.

파커 J. 파머, 『모든 것의 가장자리에서』, 김찬호·정하린 옮김(글항아리, 2018), 17쪽, 38쪽, 124쪽.